ATACAMA

DES

MADE

ERT

CHILE

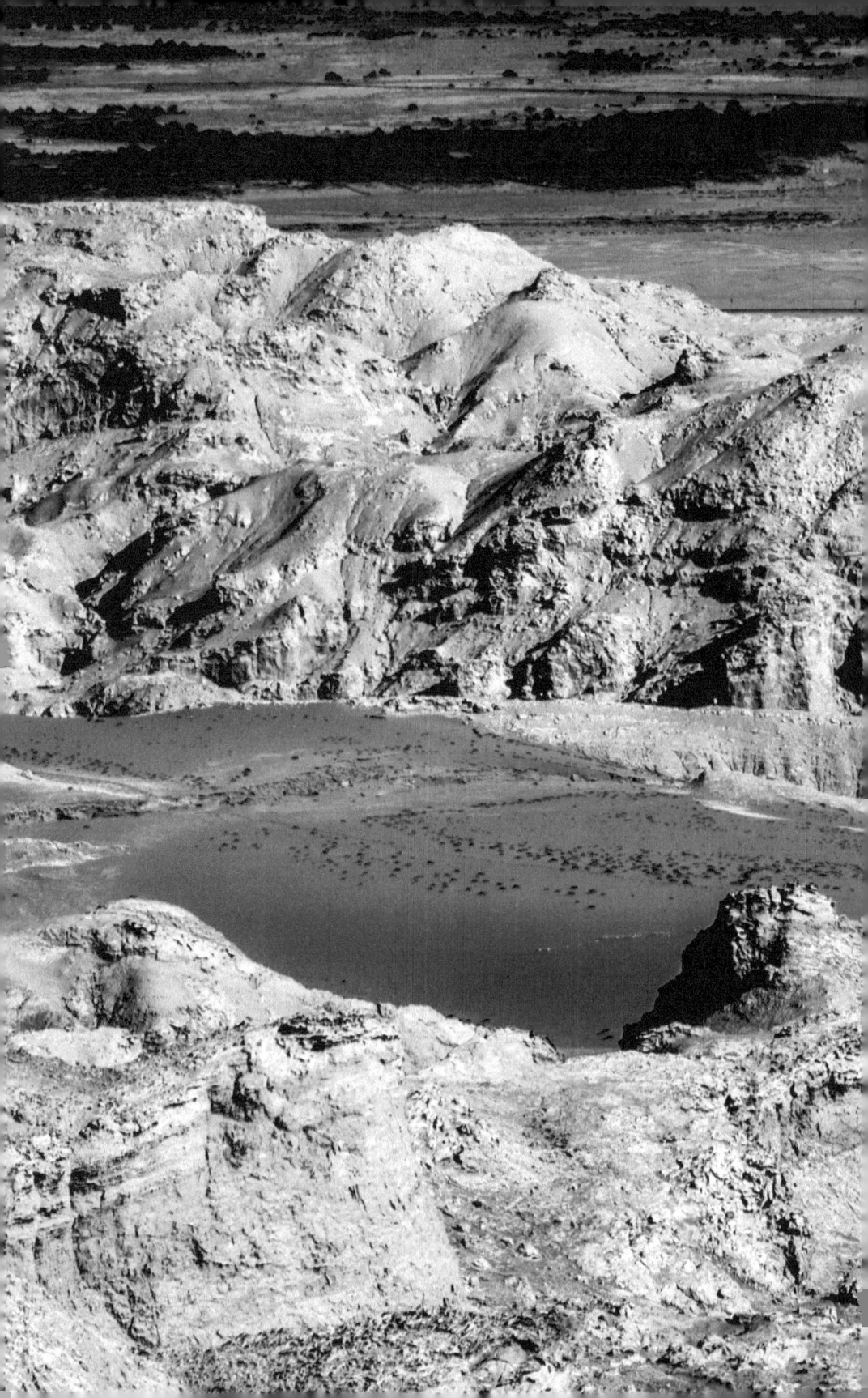

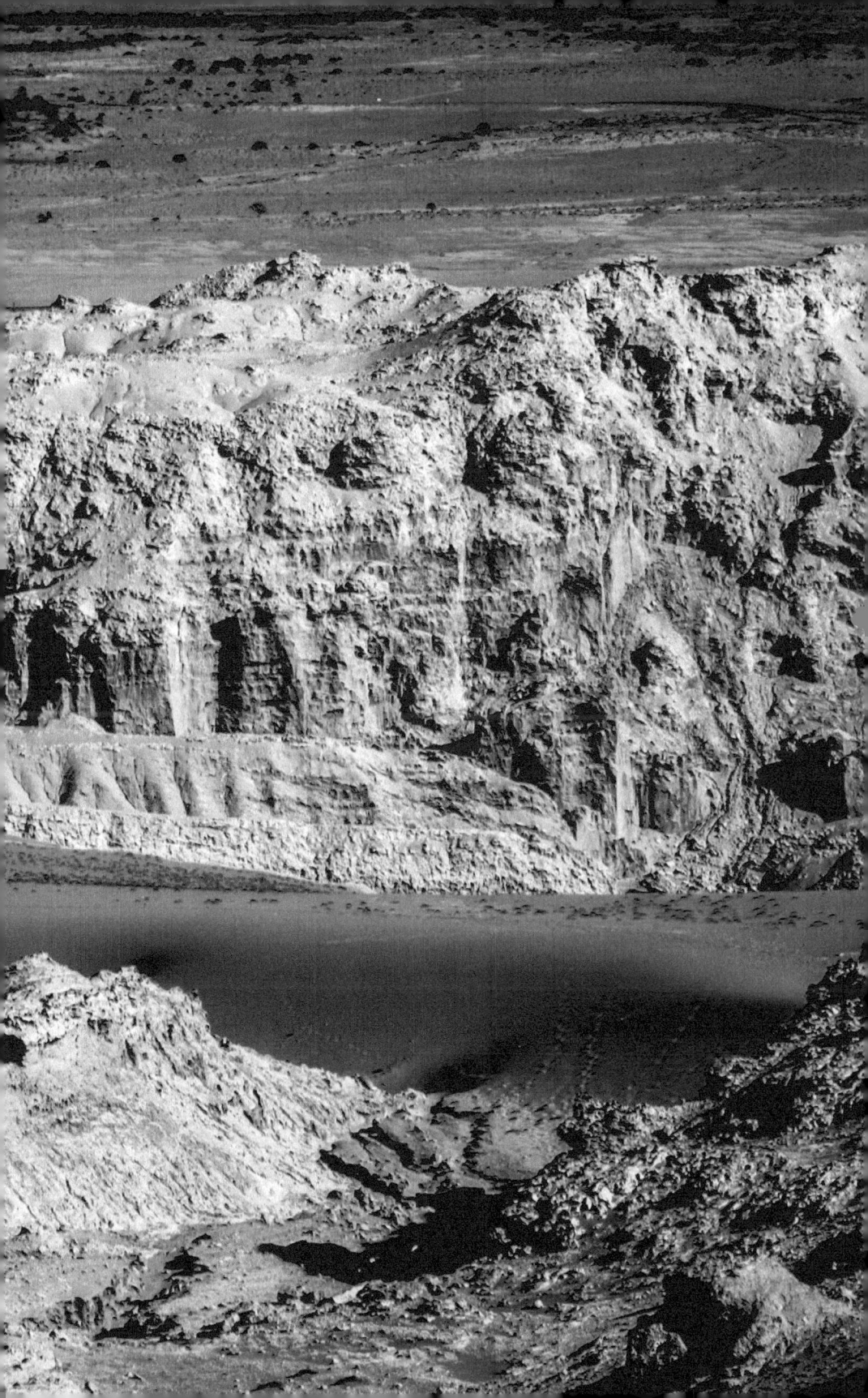

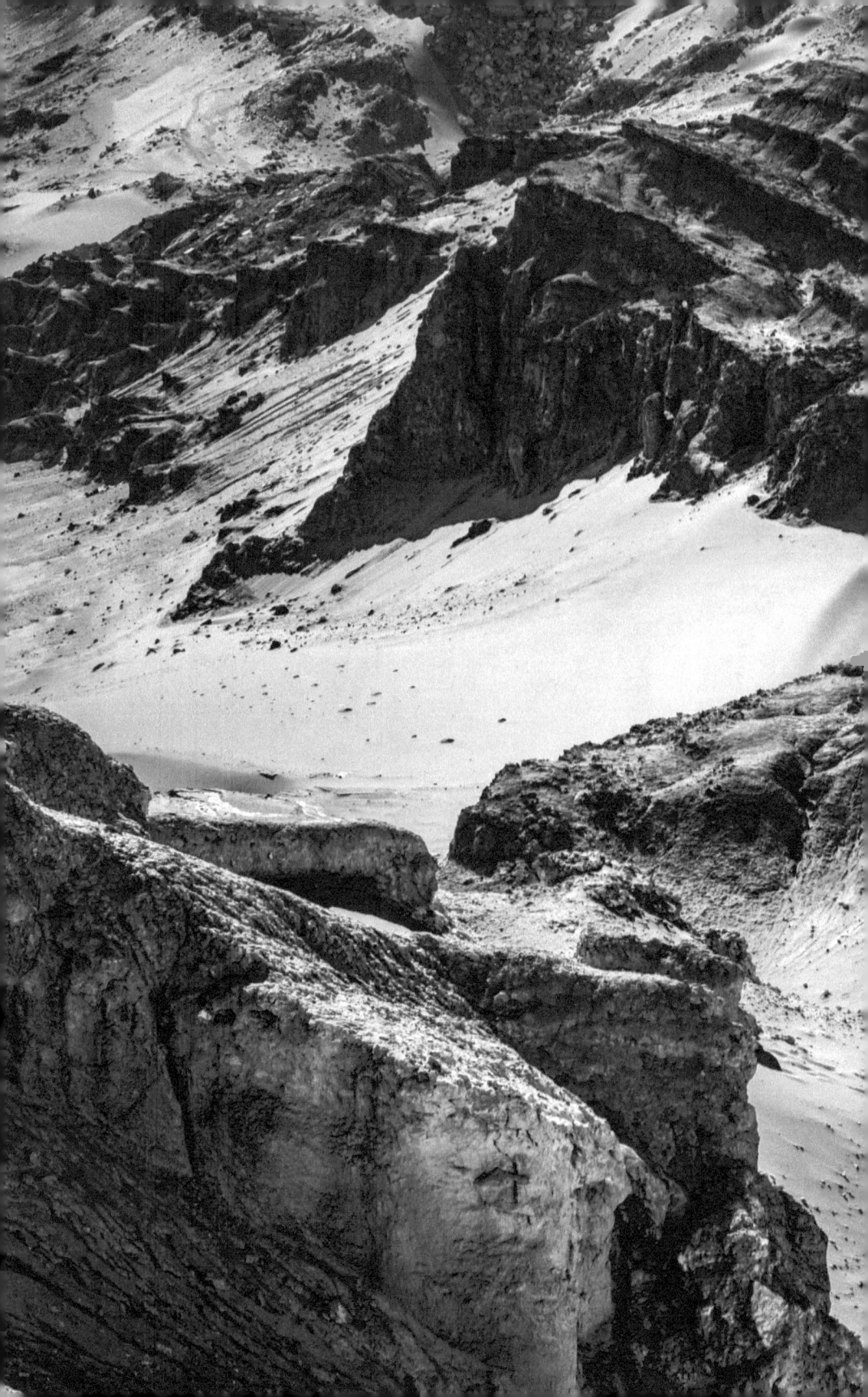

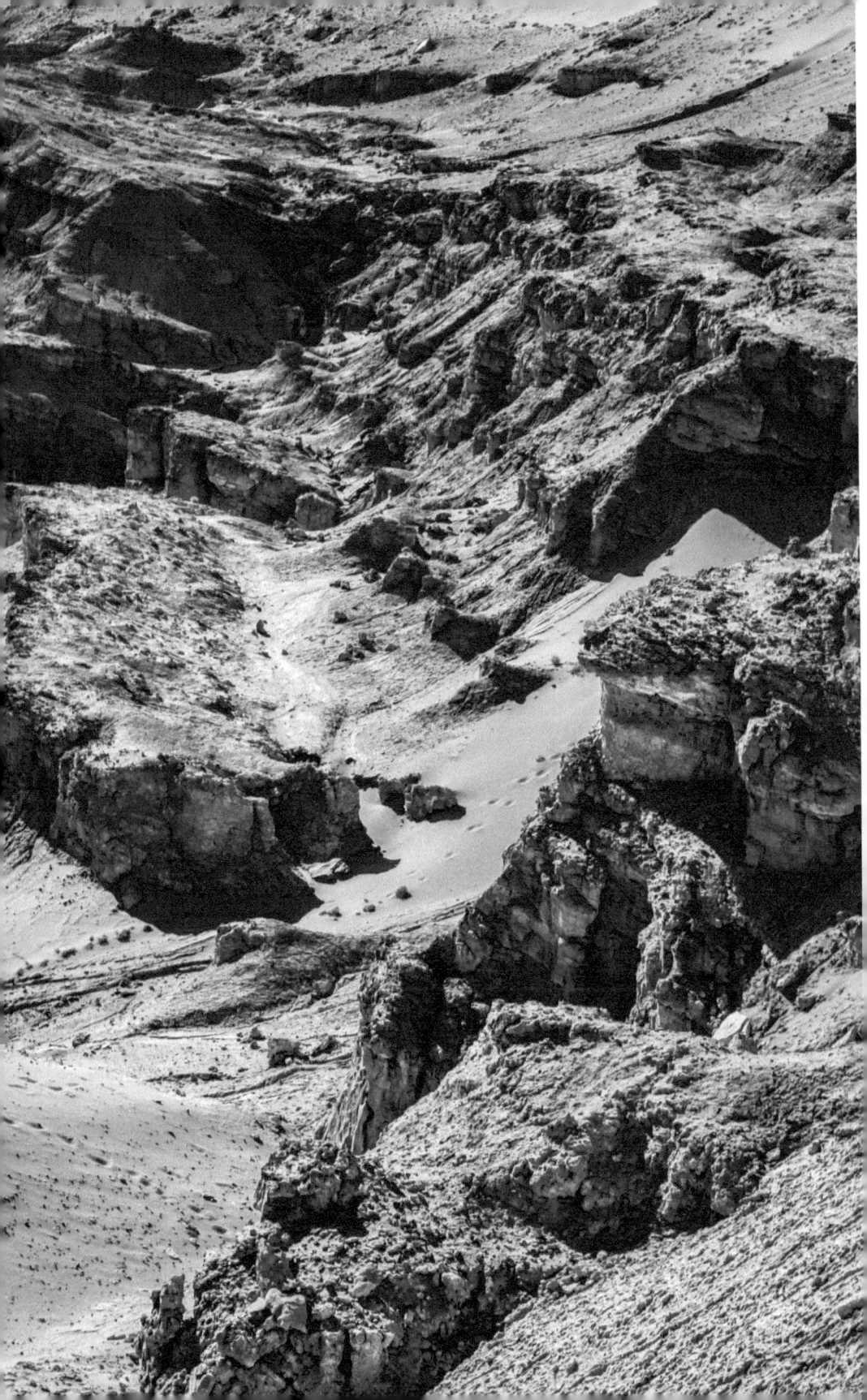

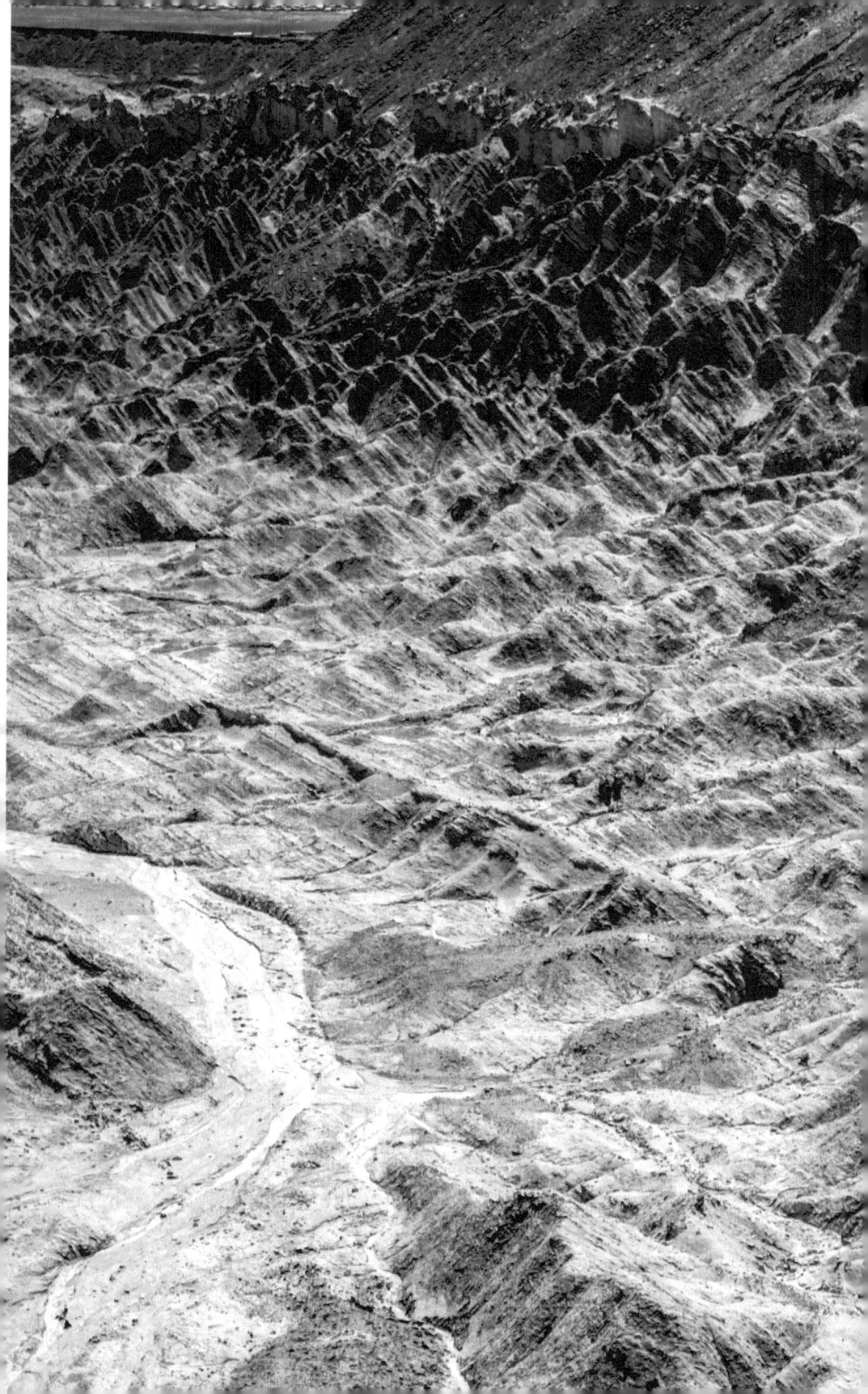

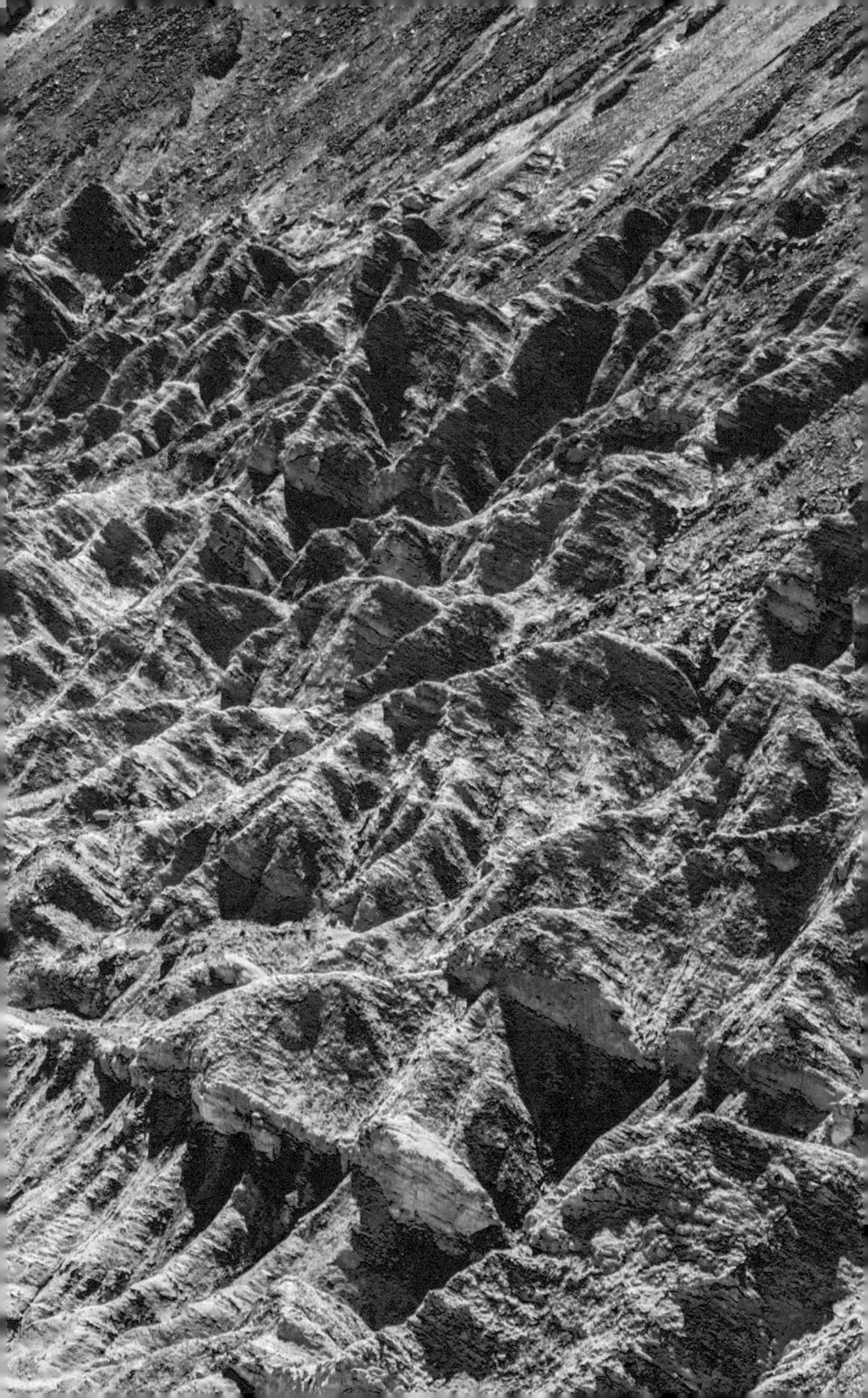

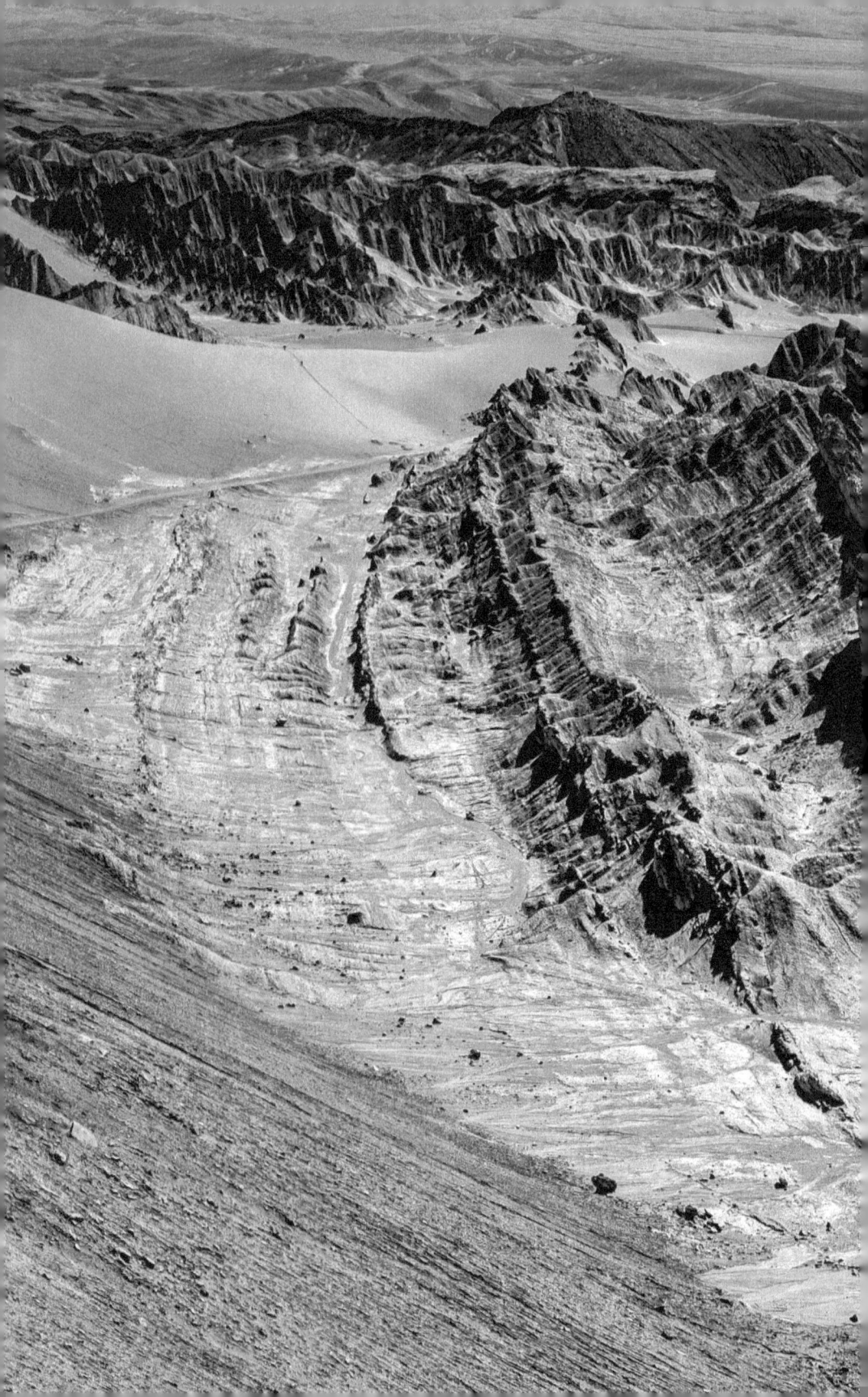

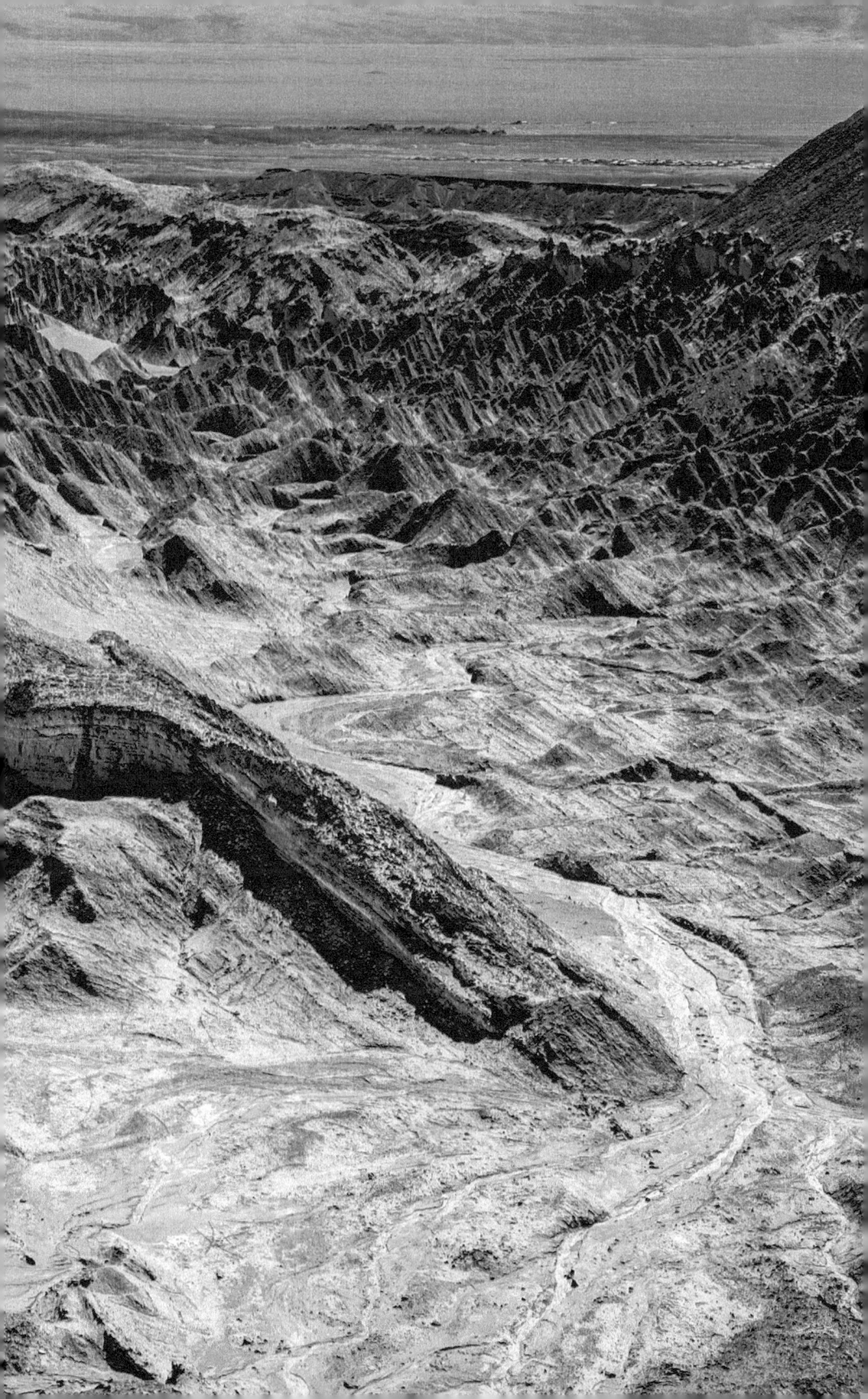

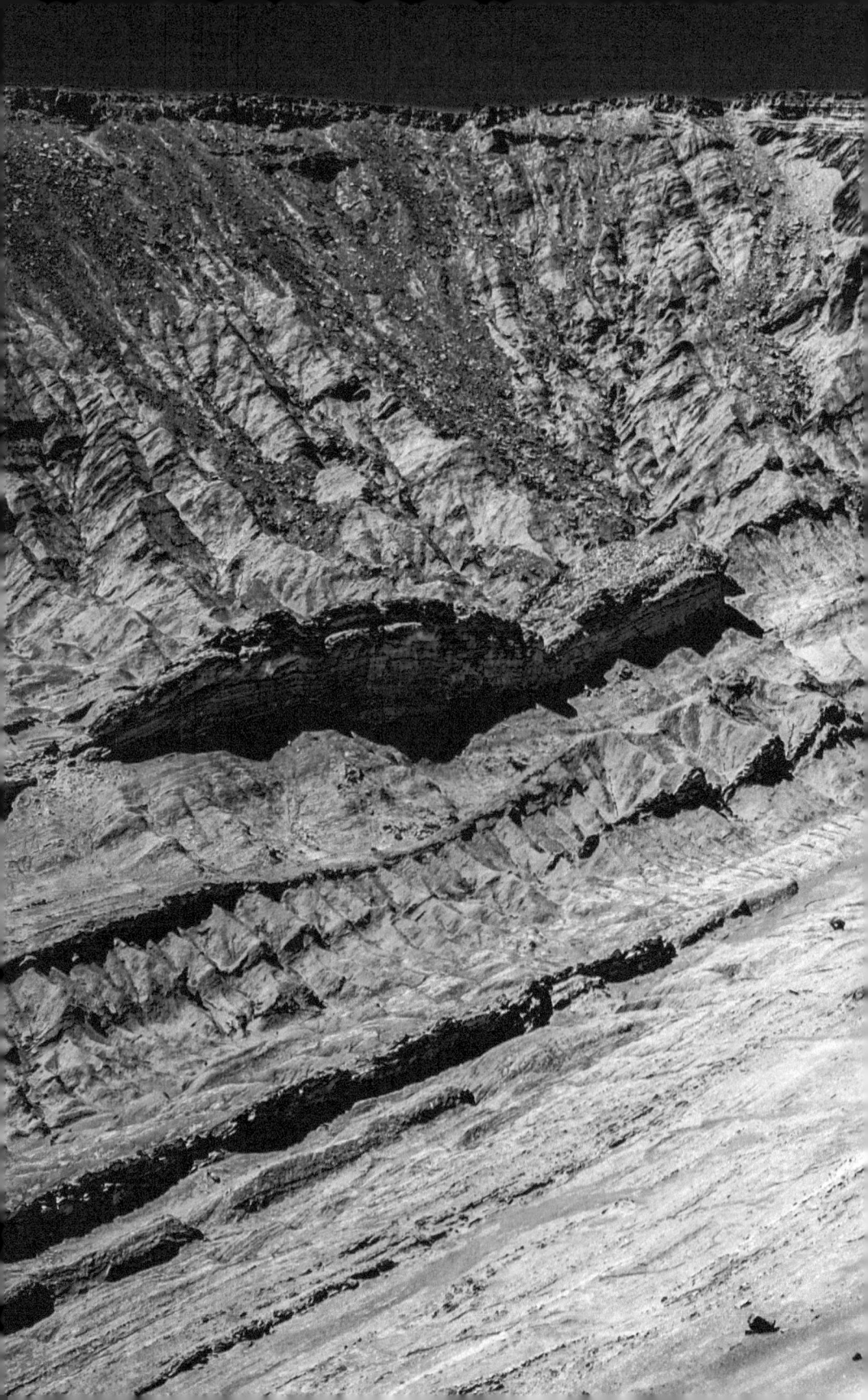

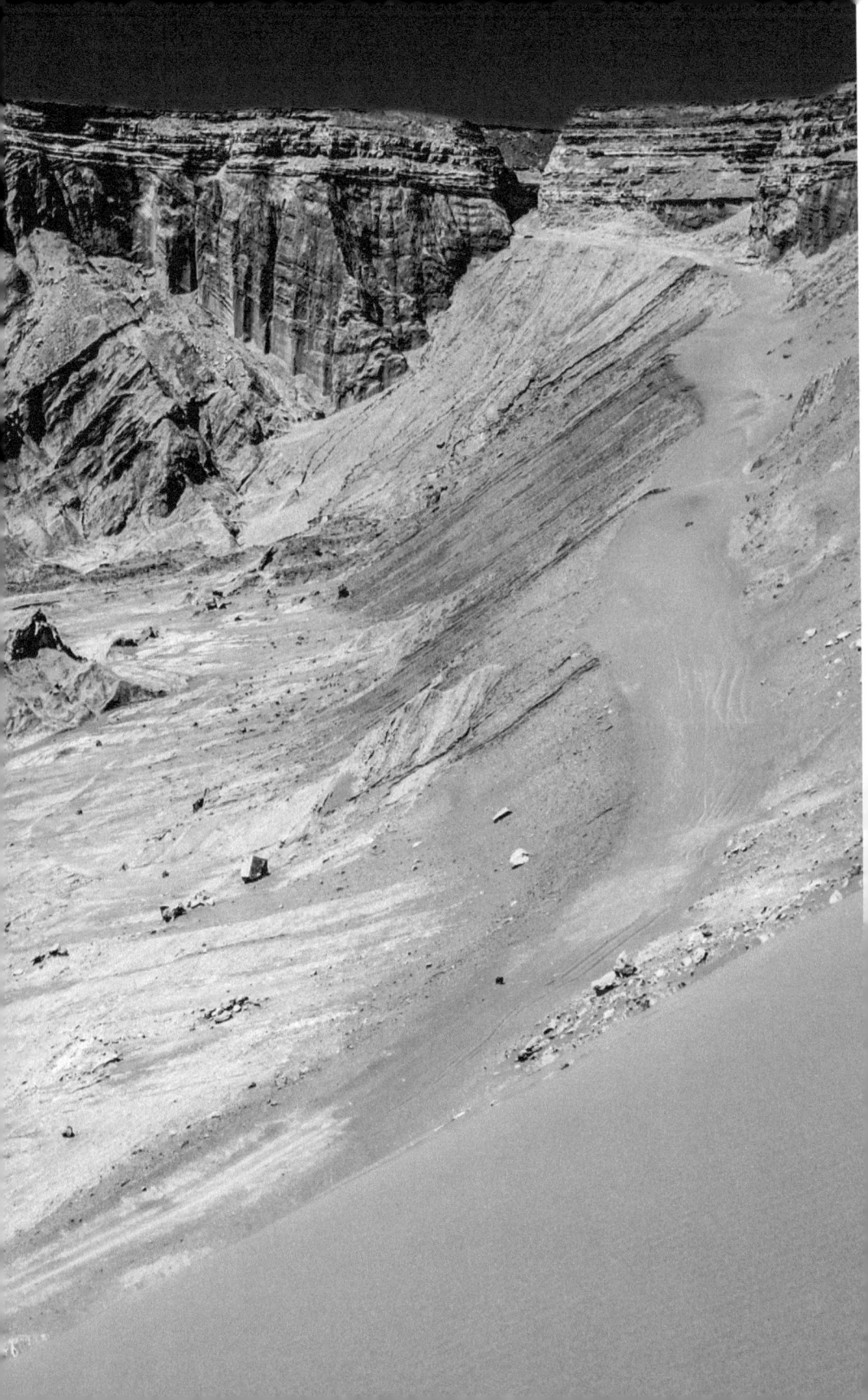

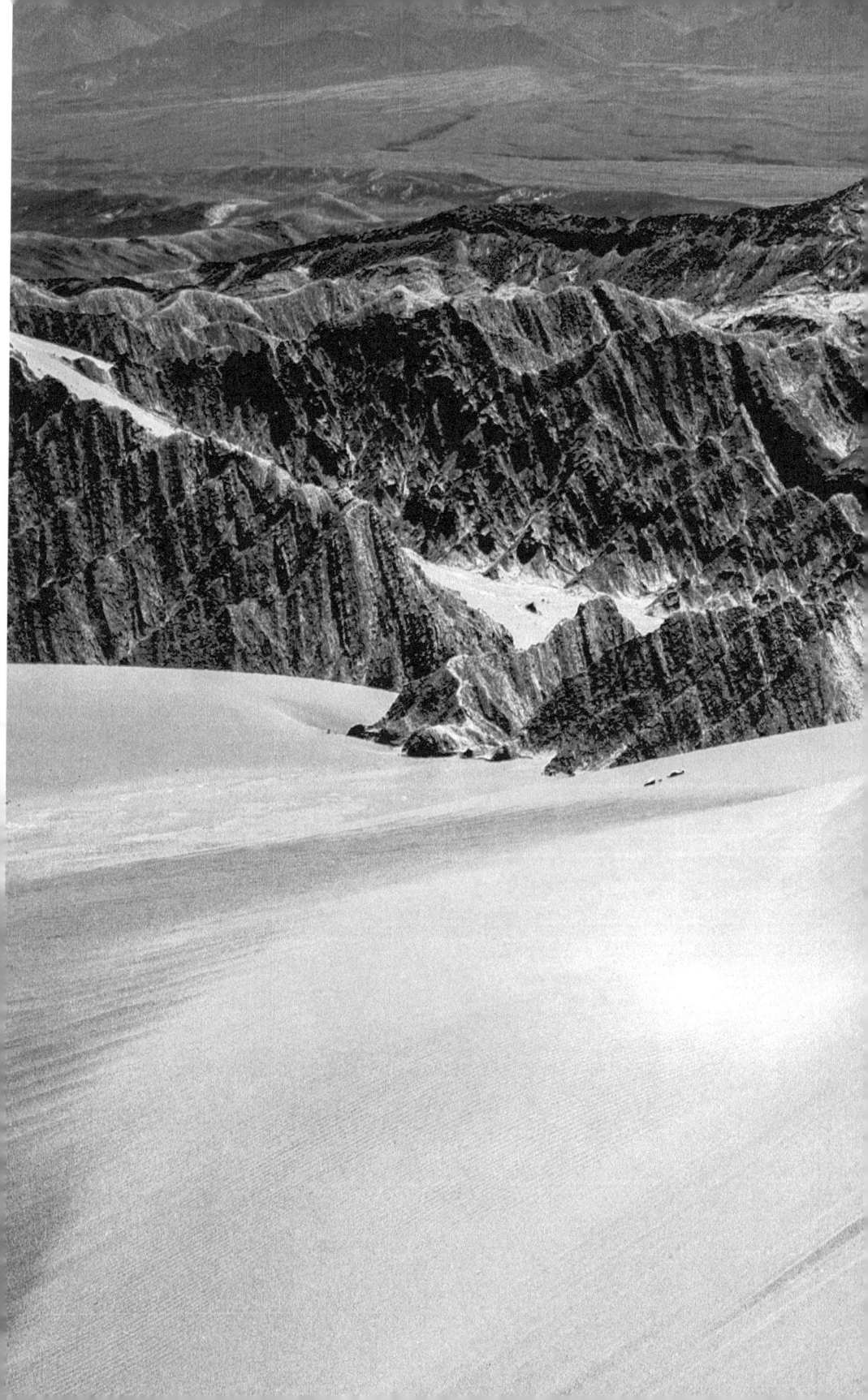

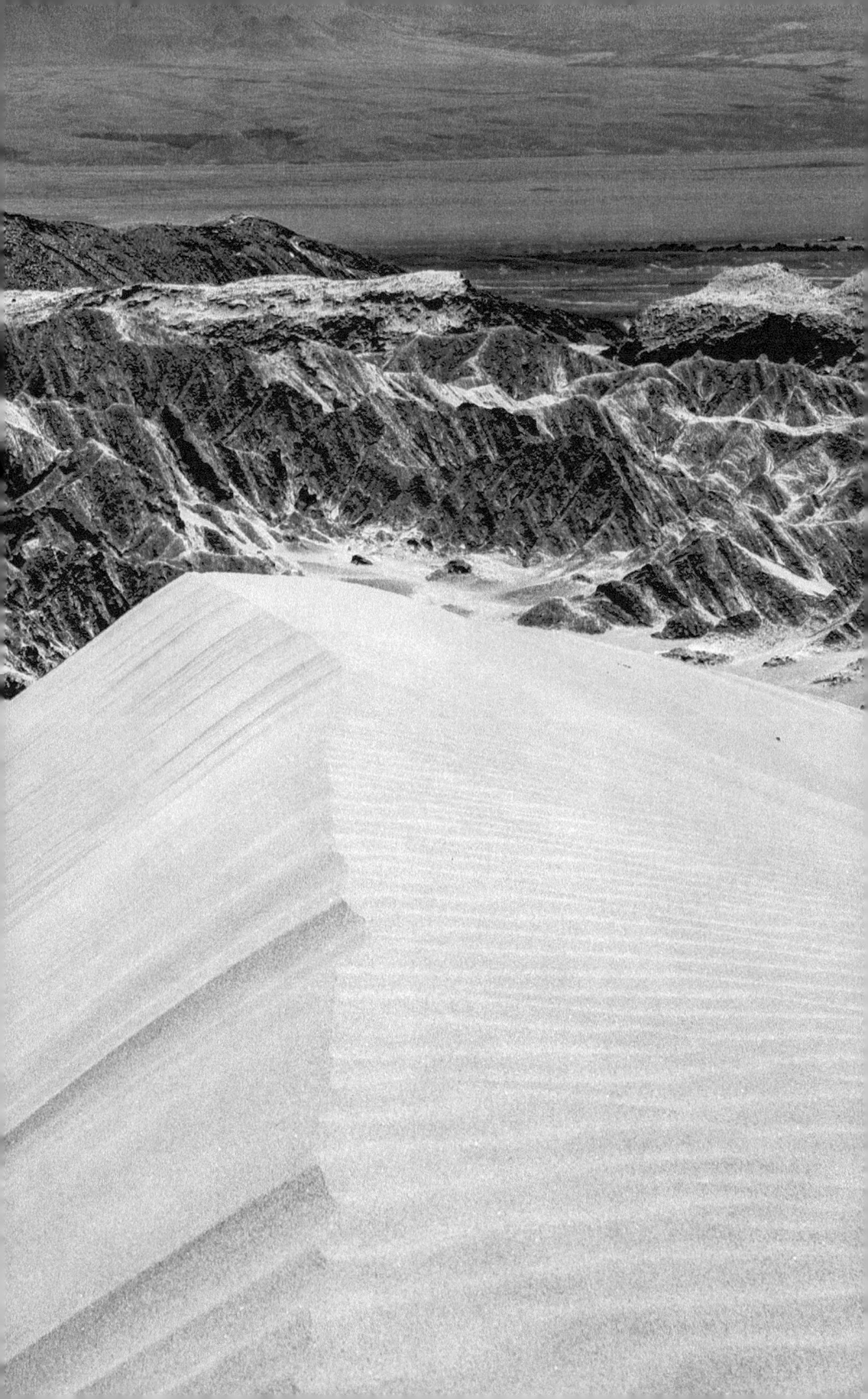

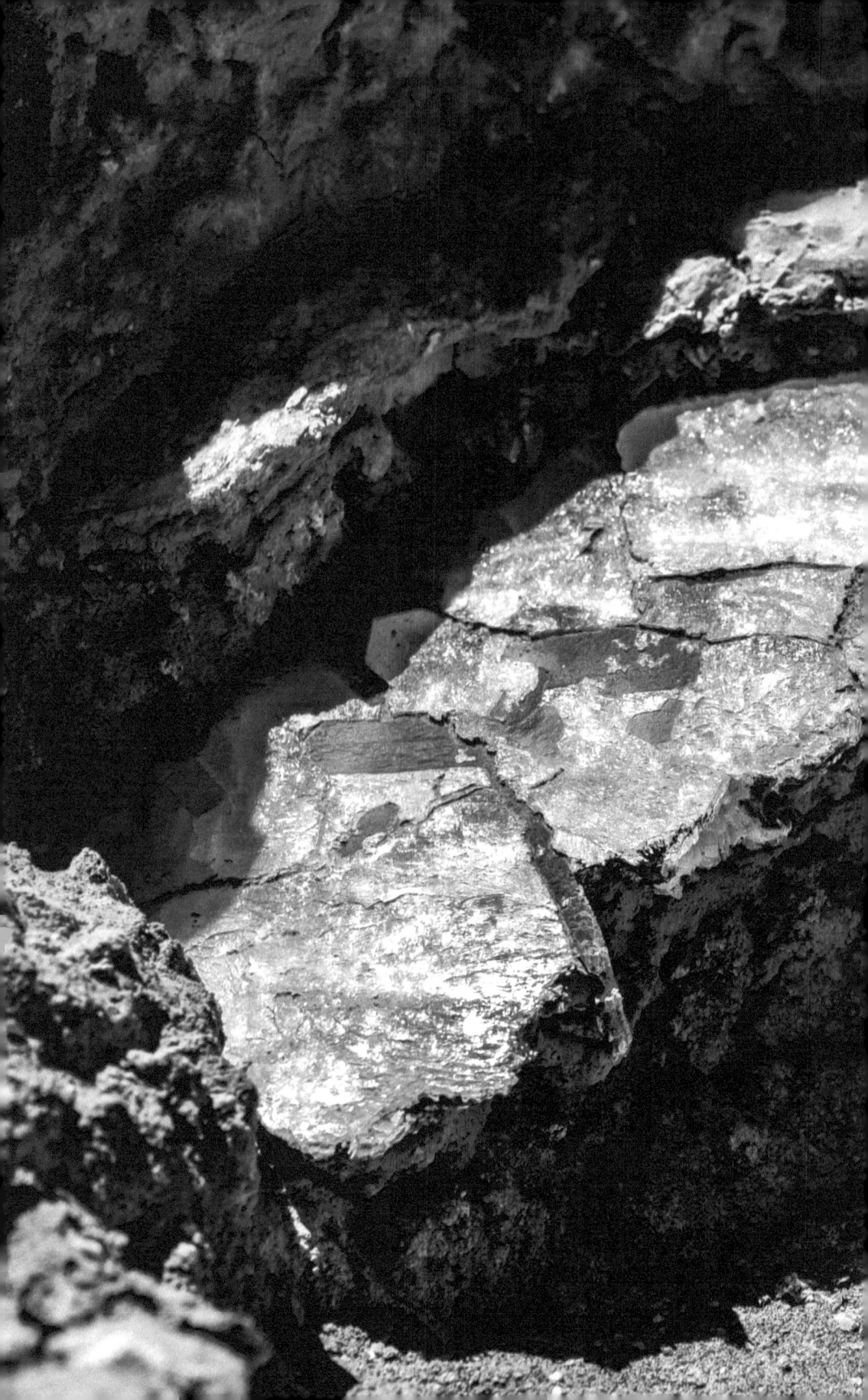

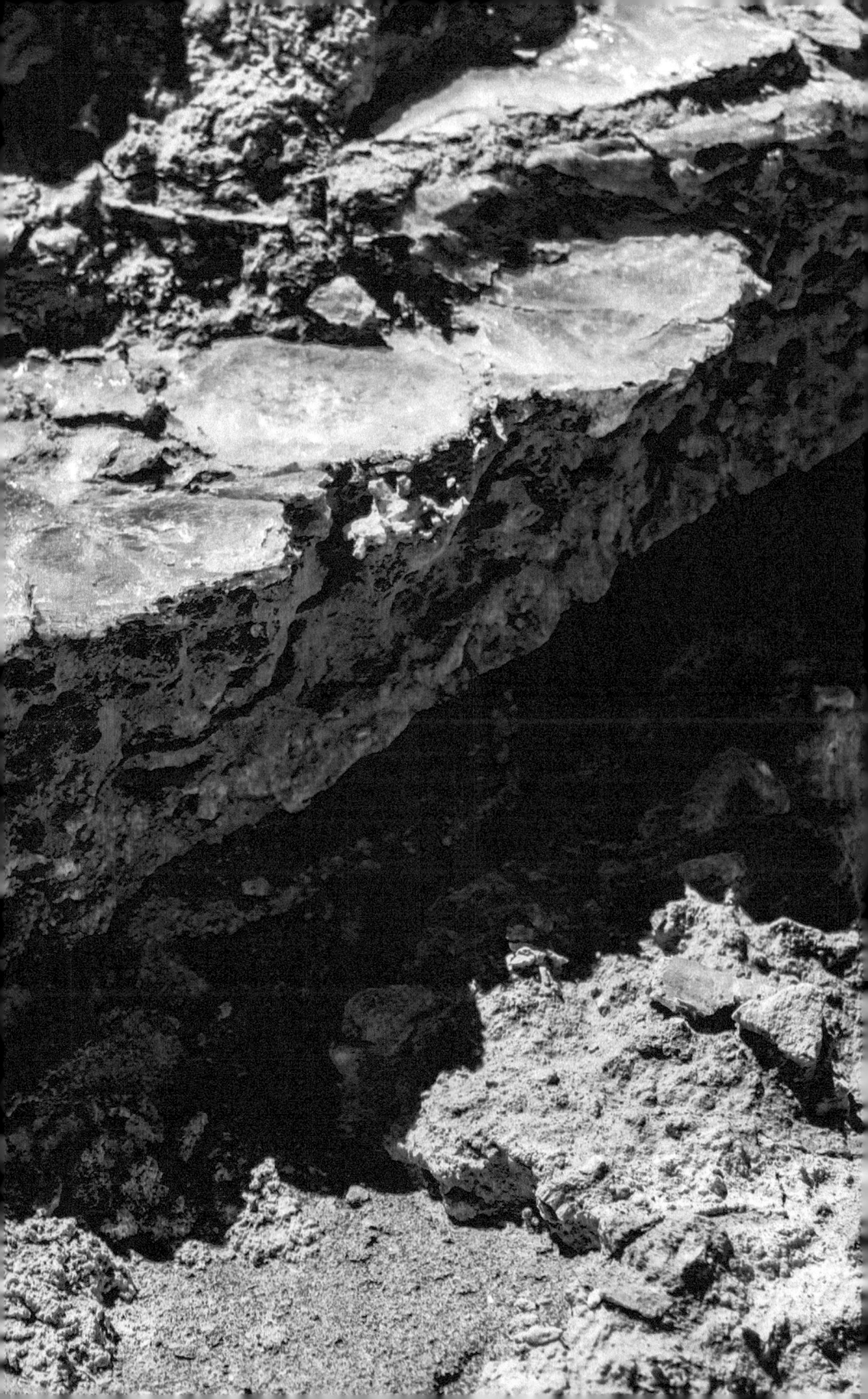

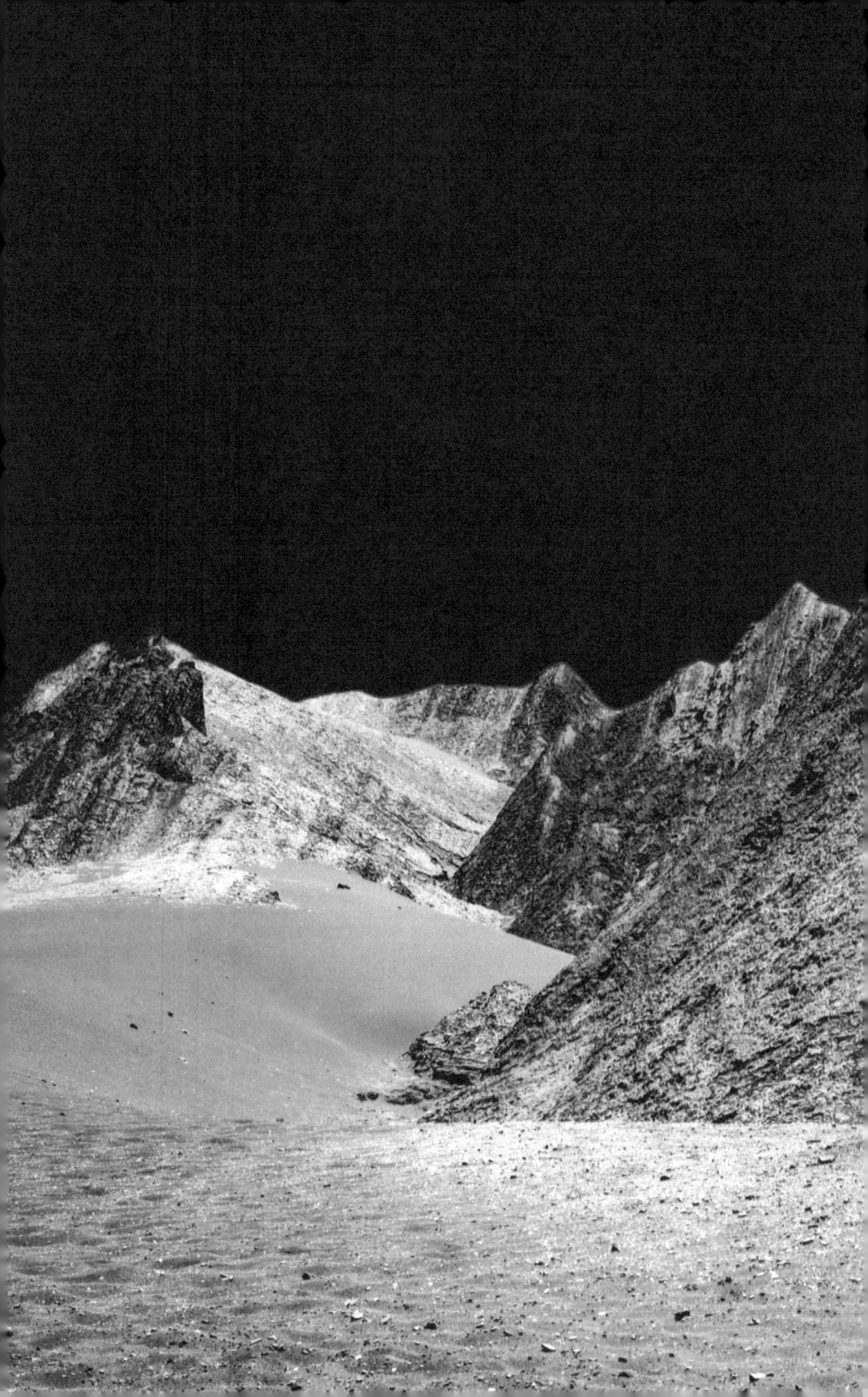

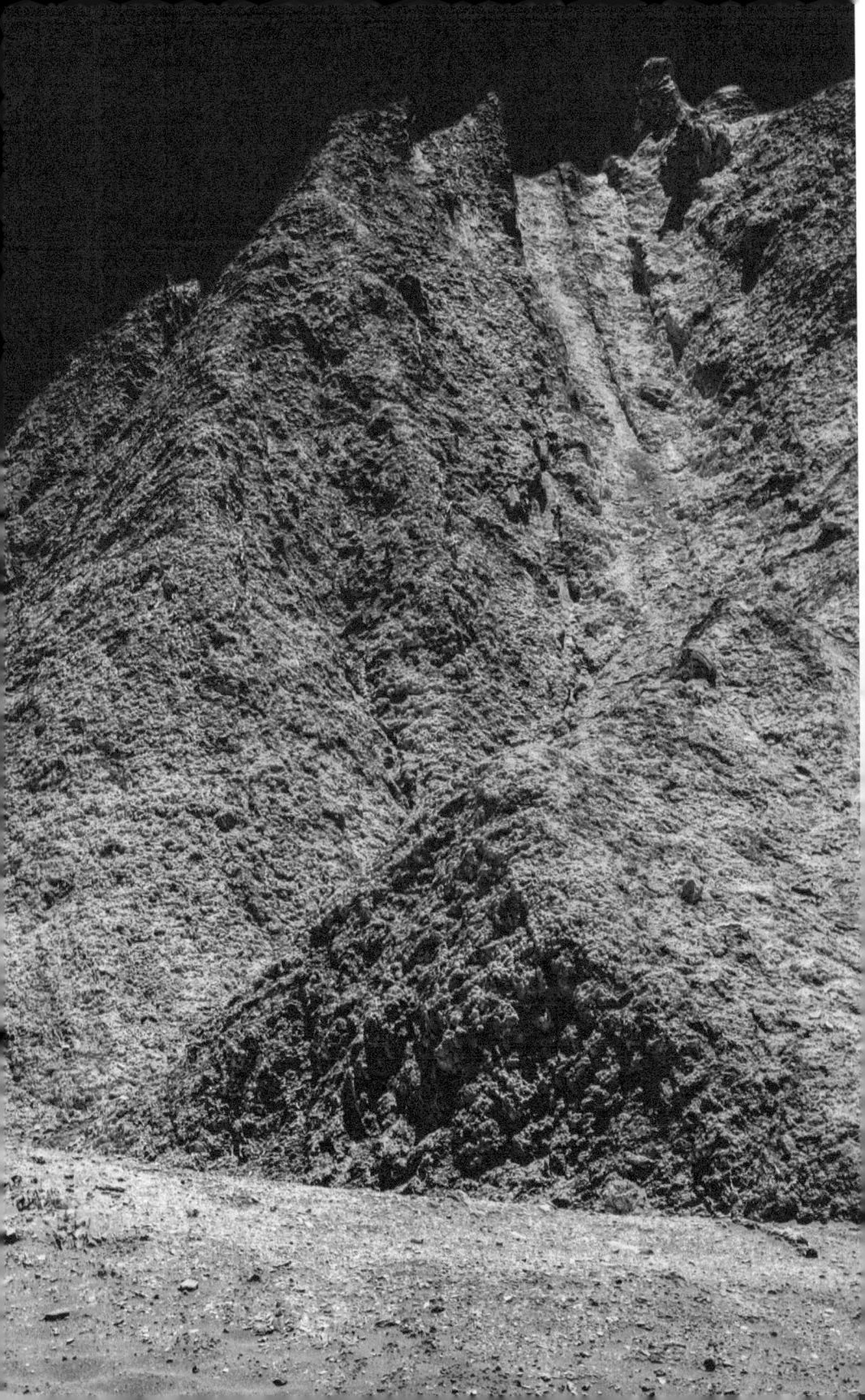

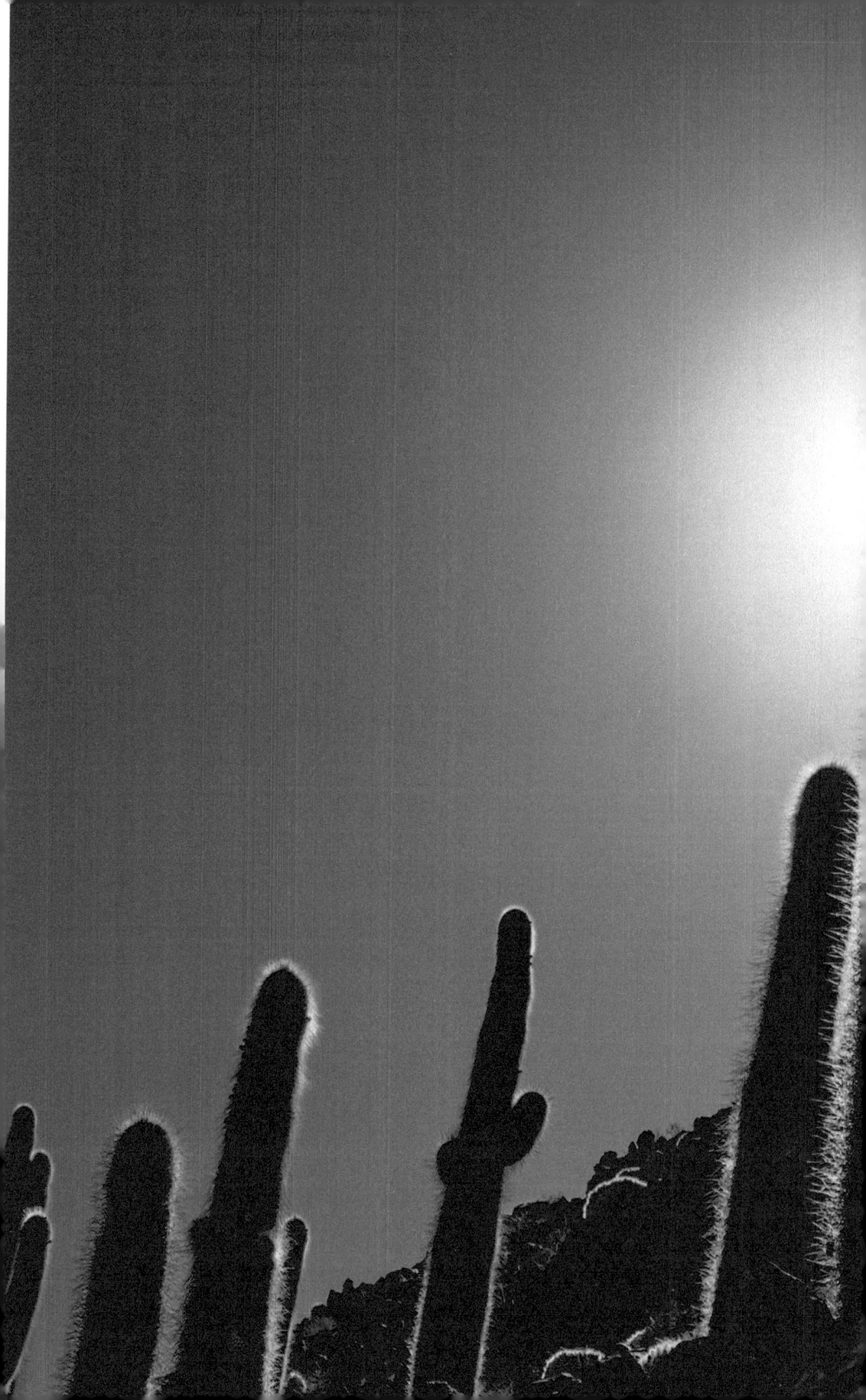

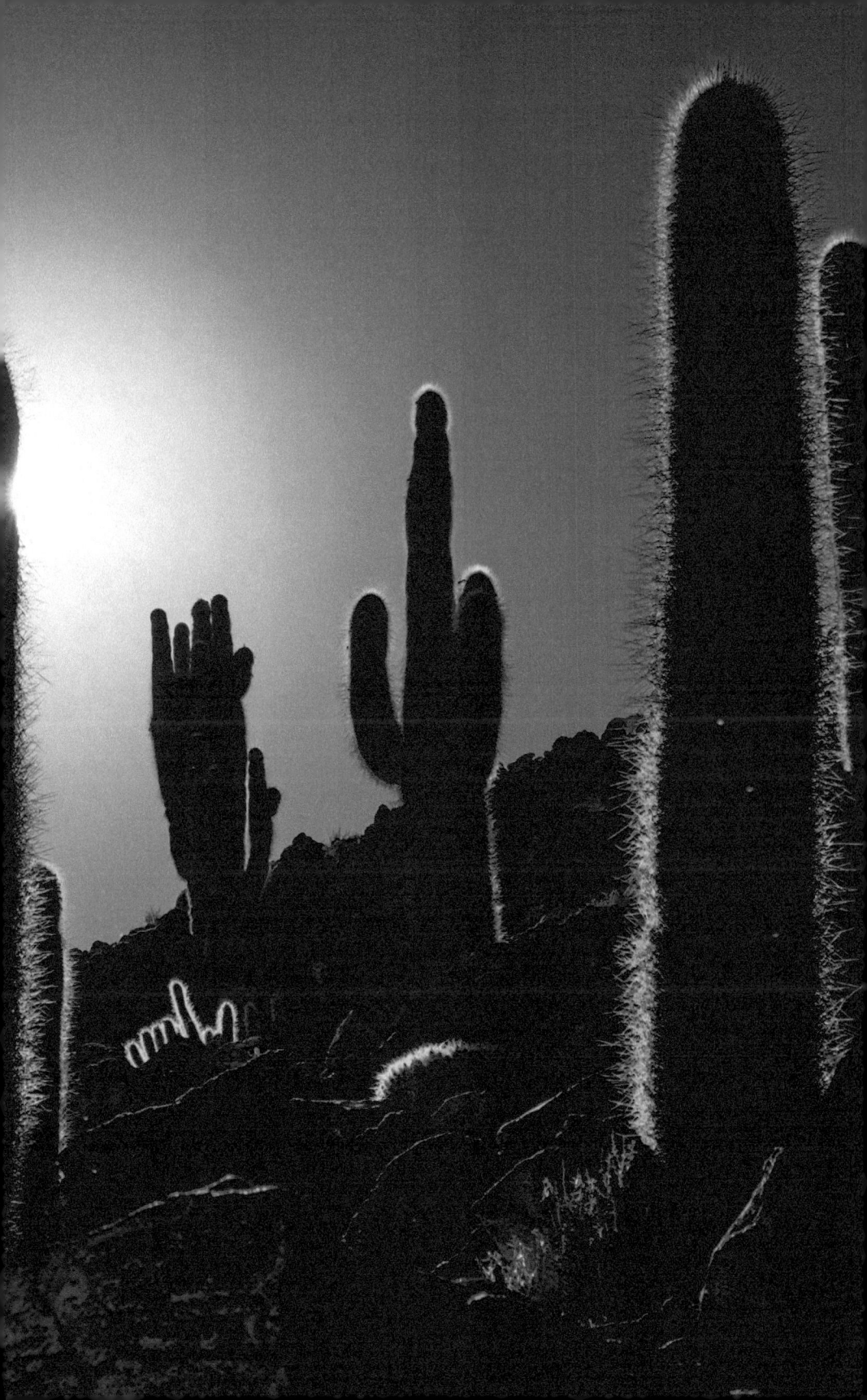

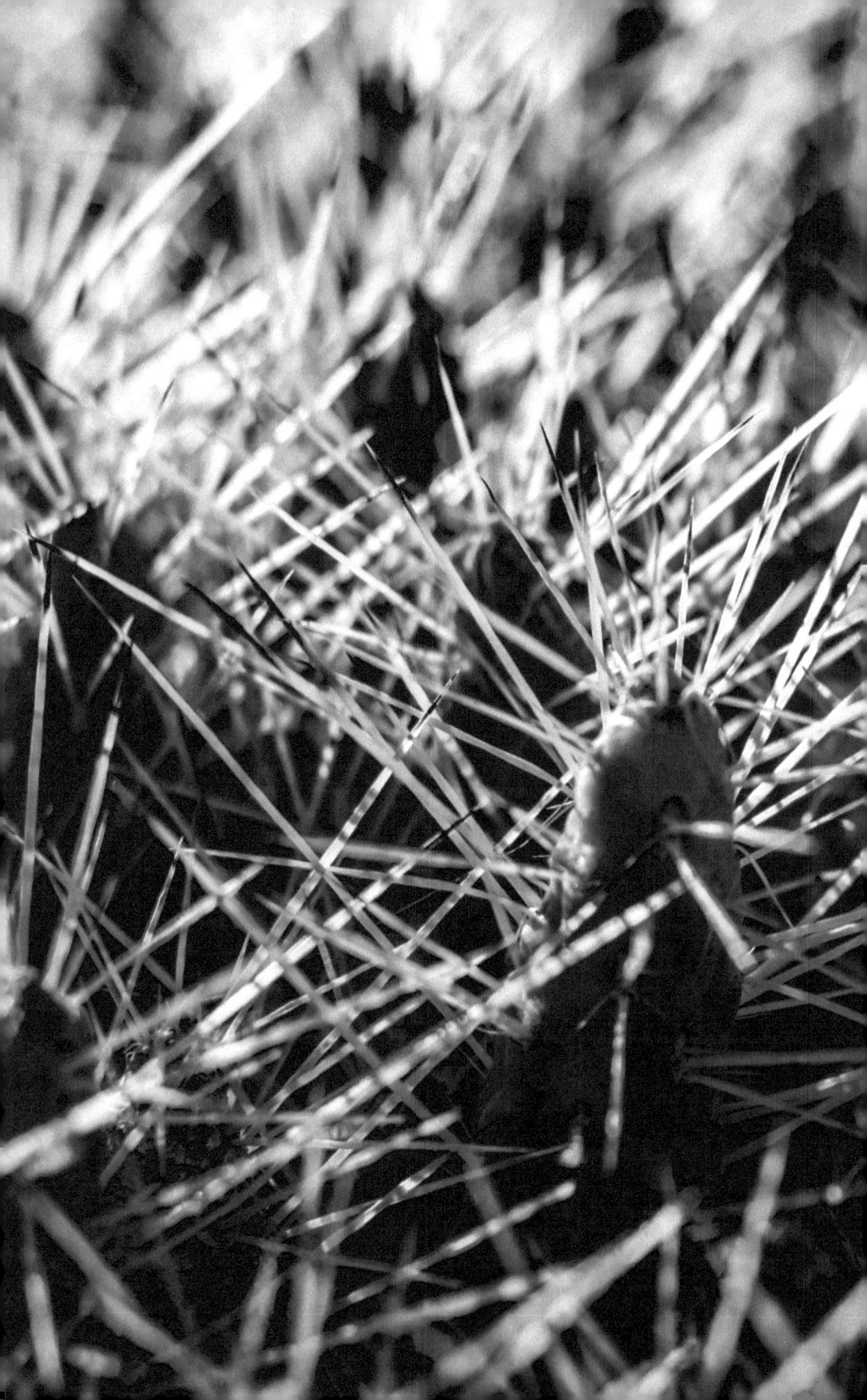

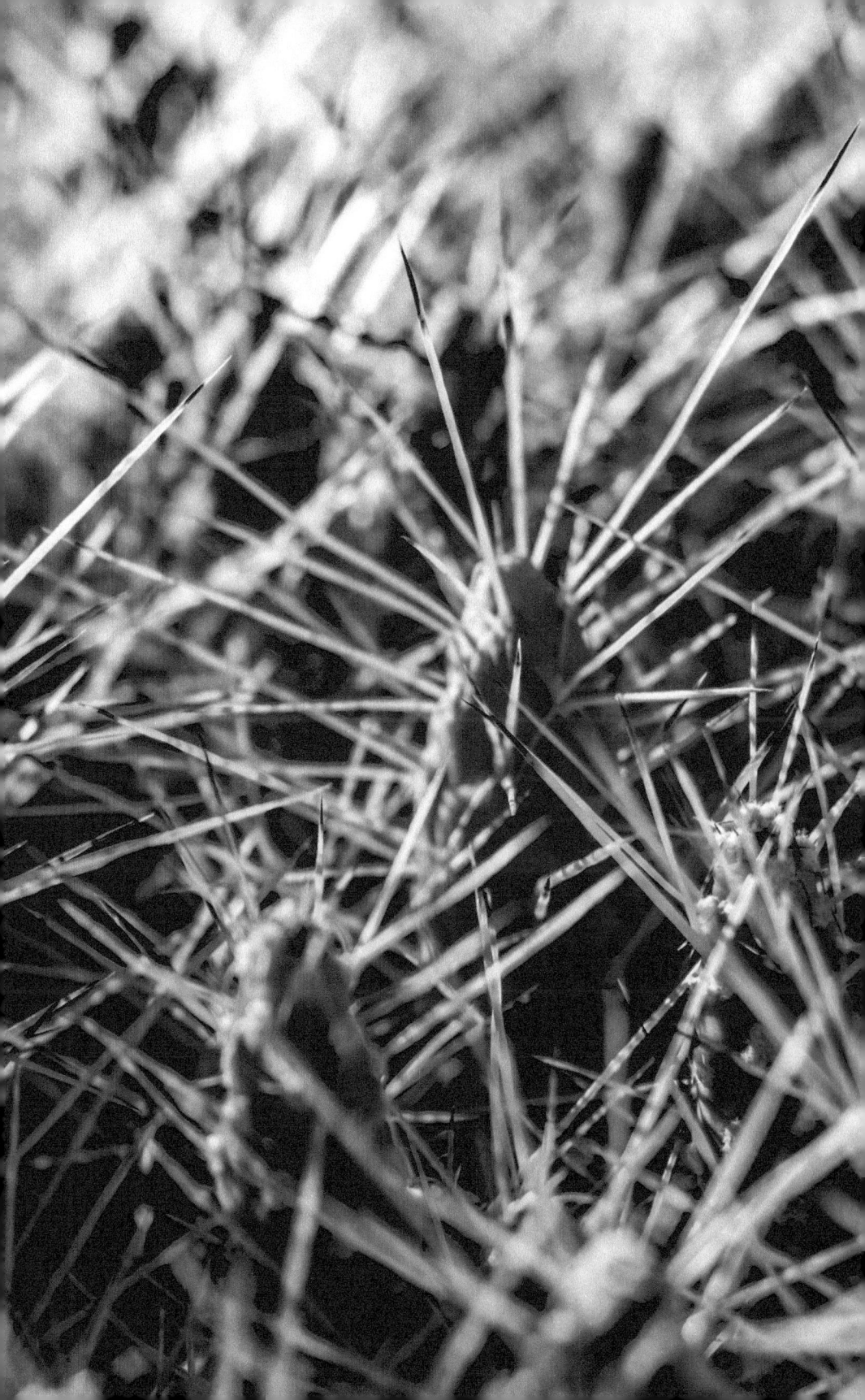

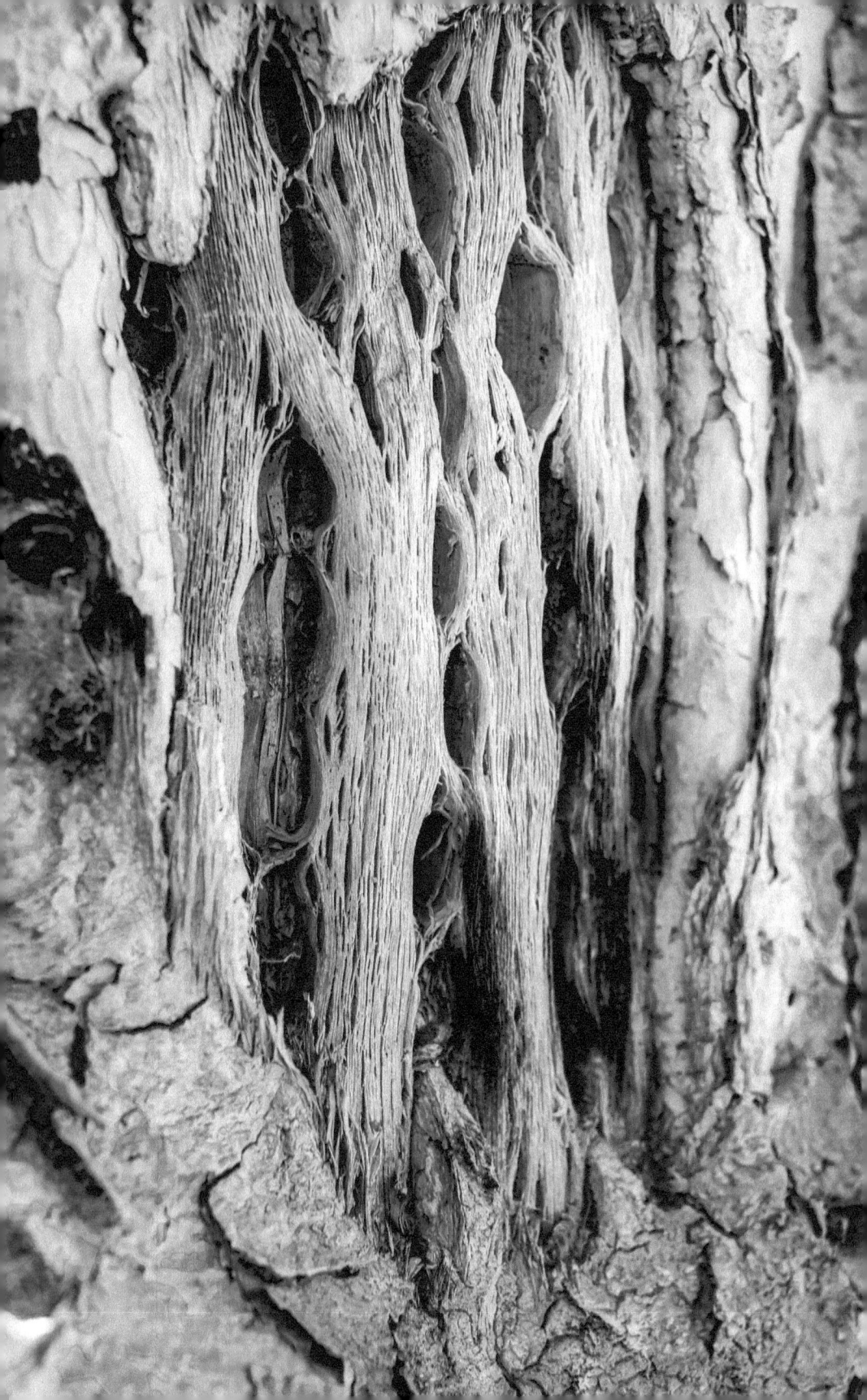

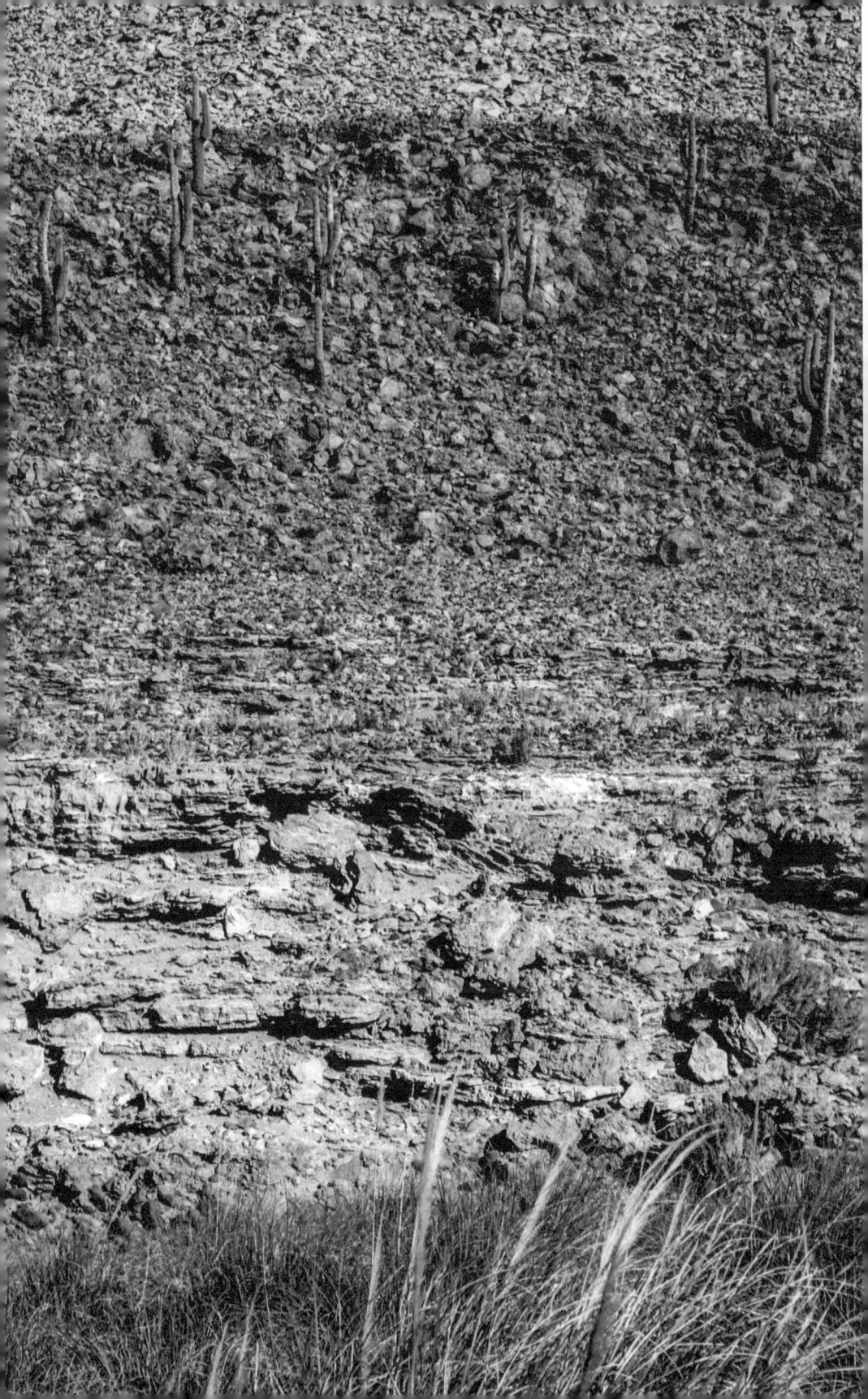

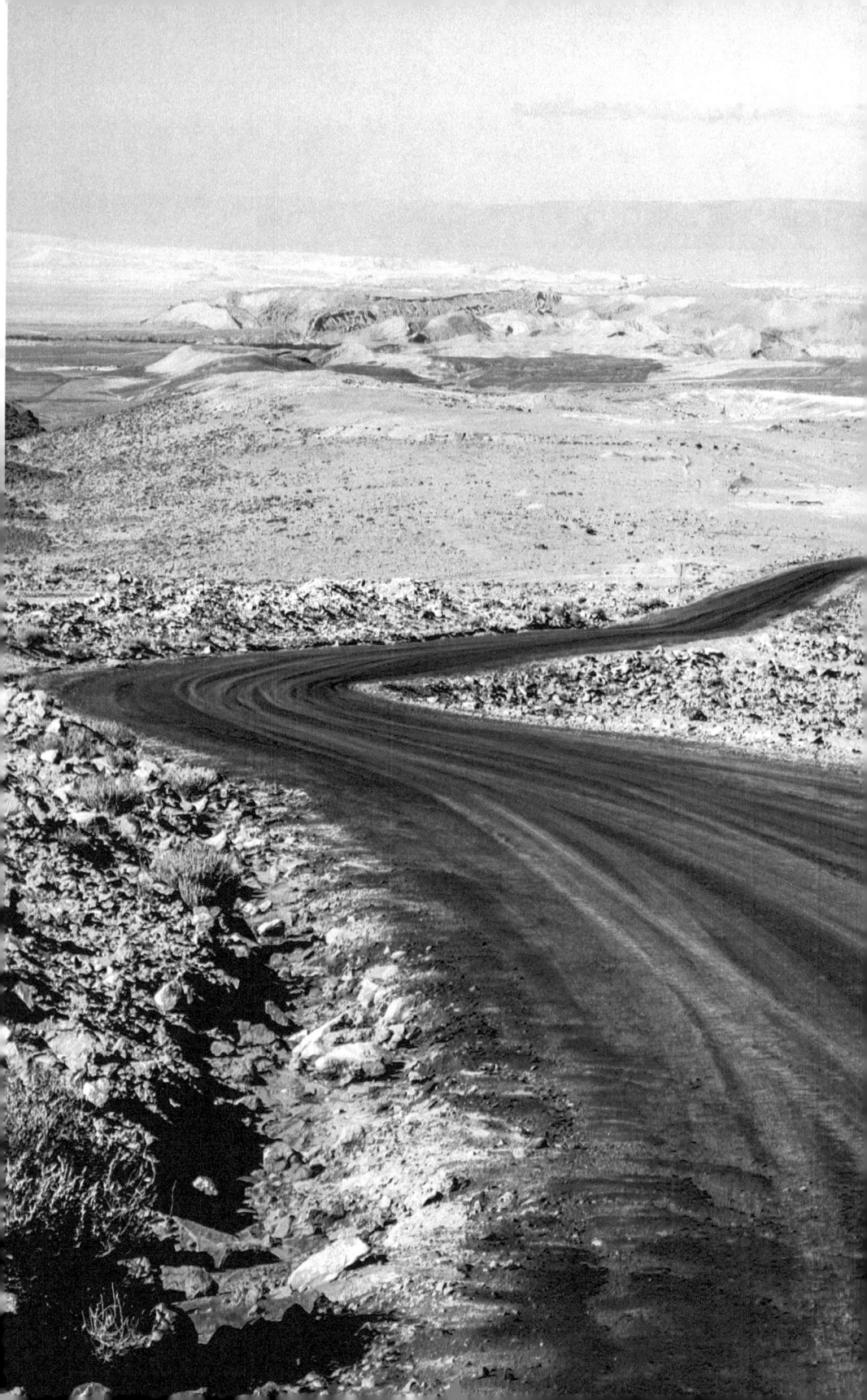

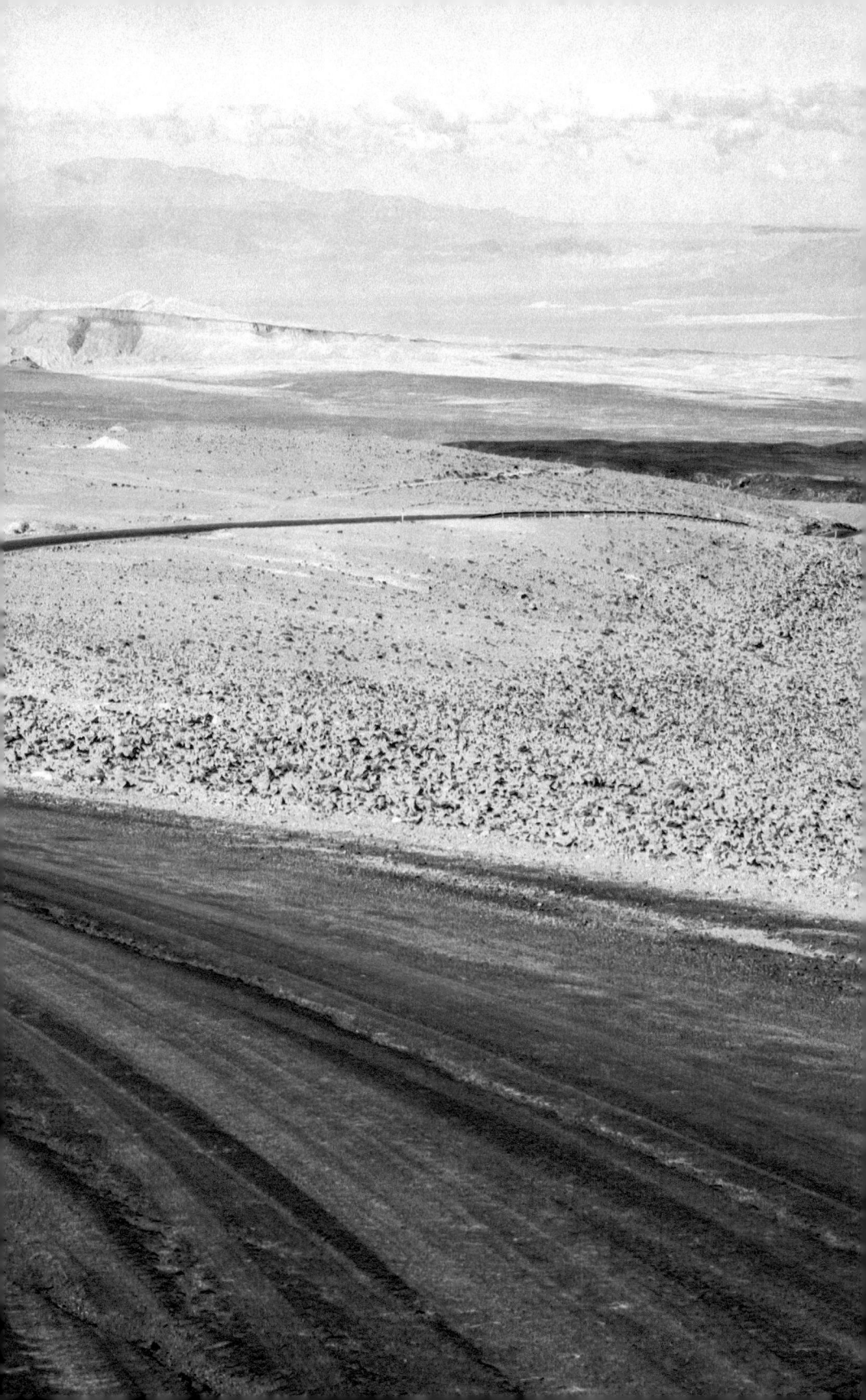

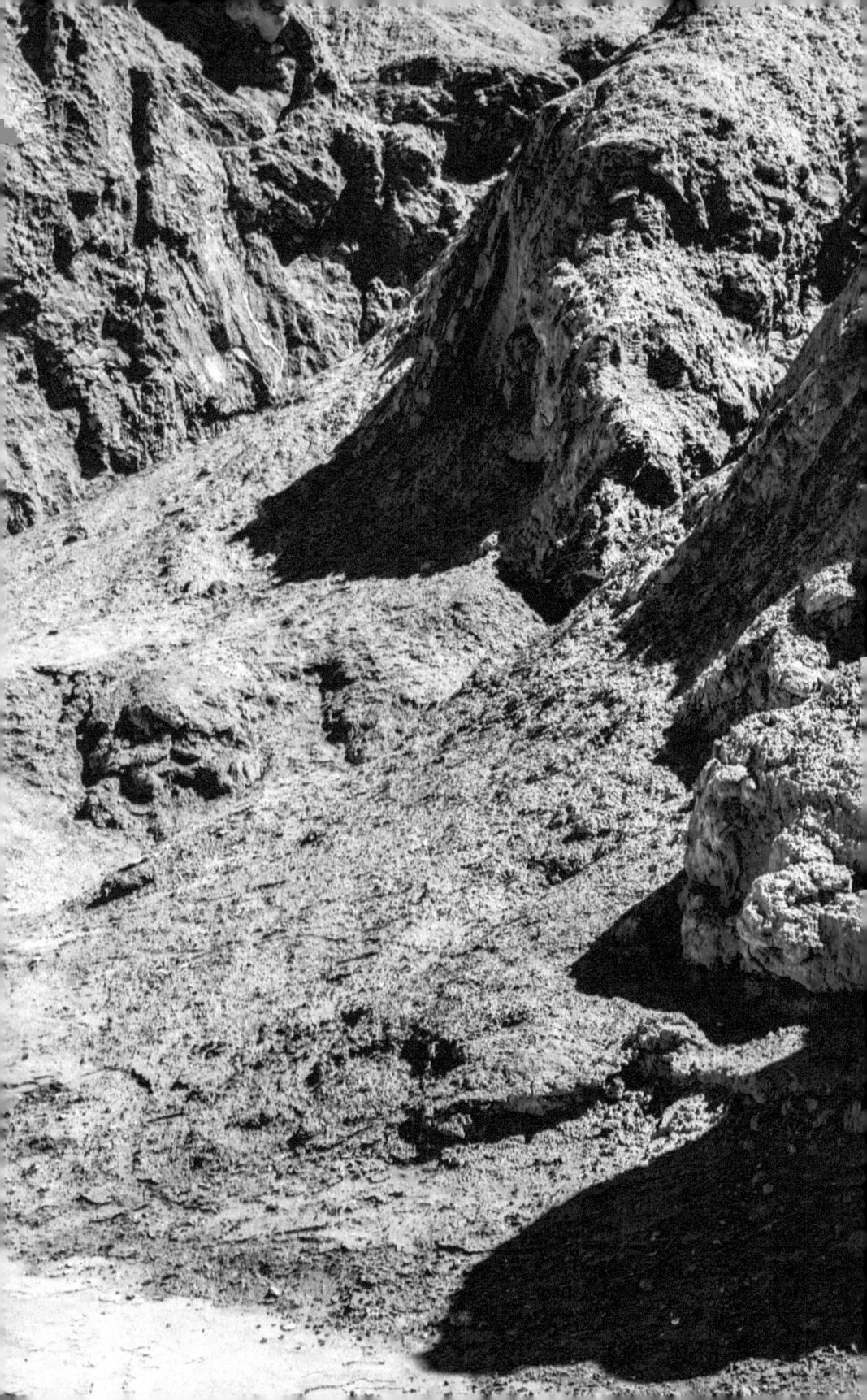

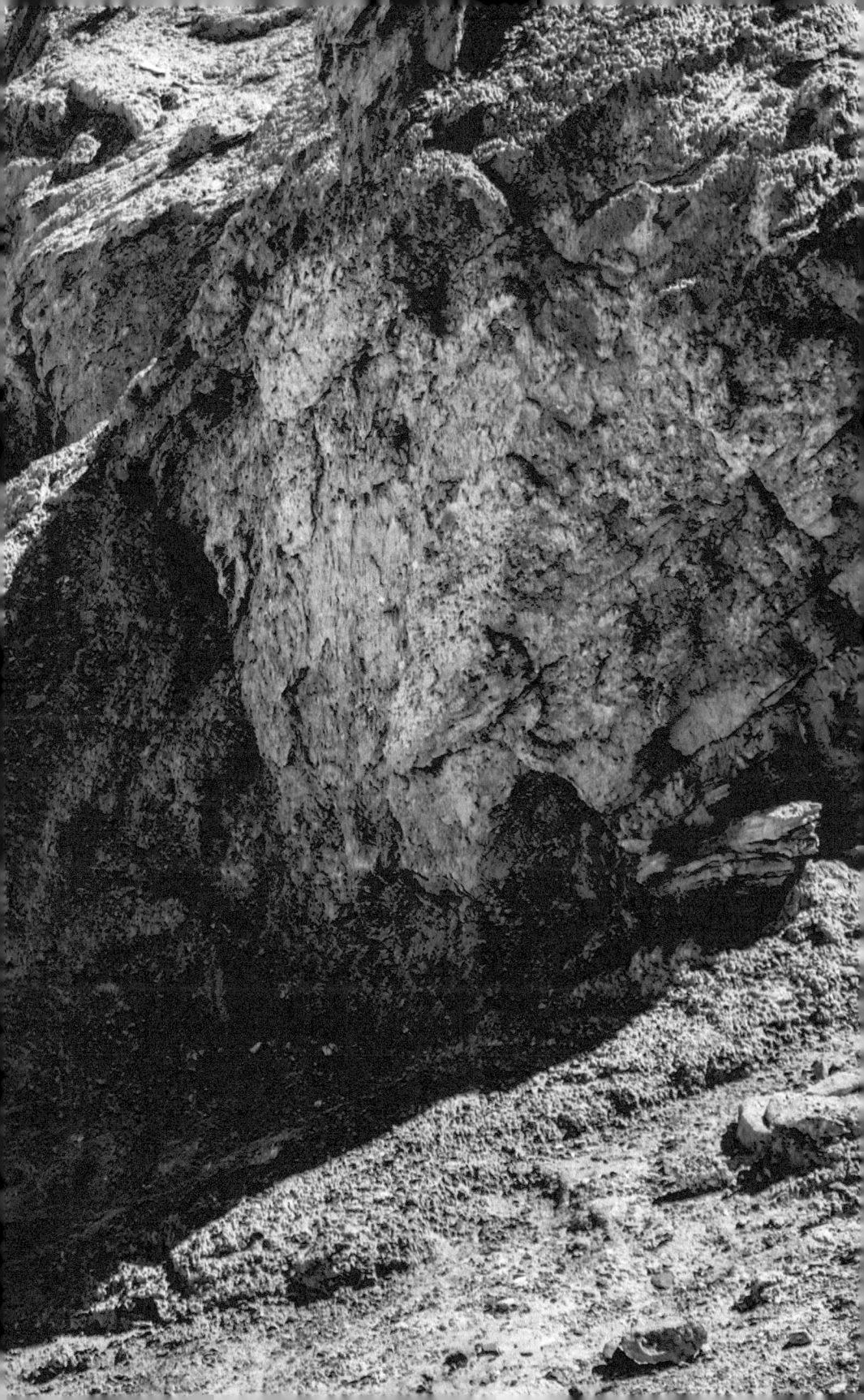

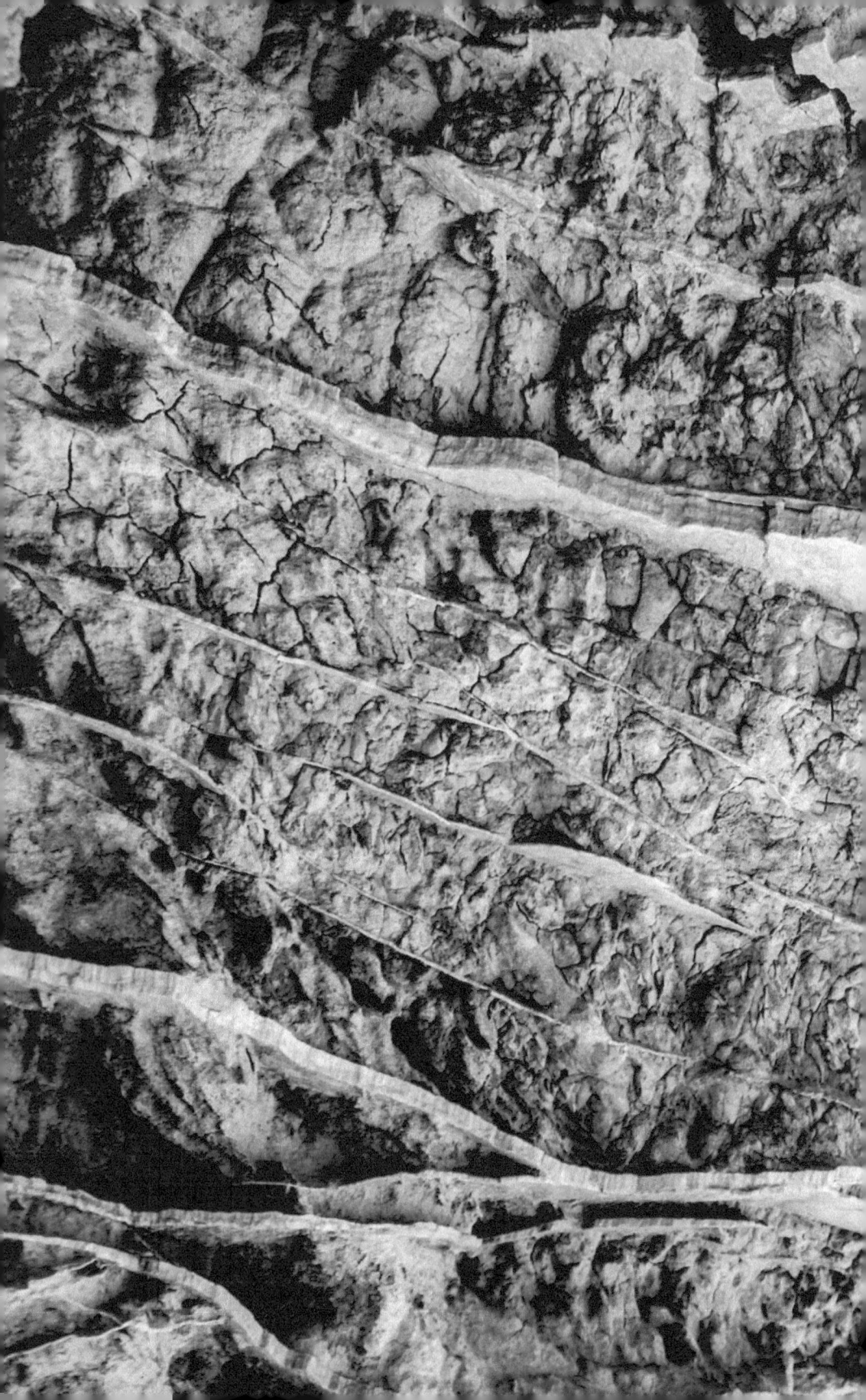

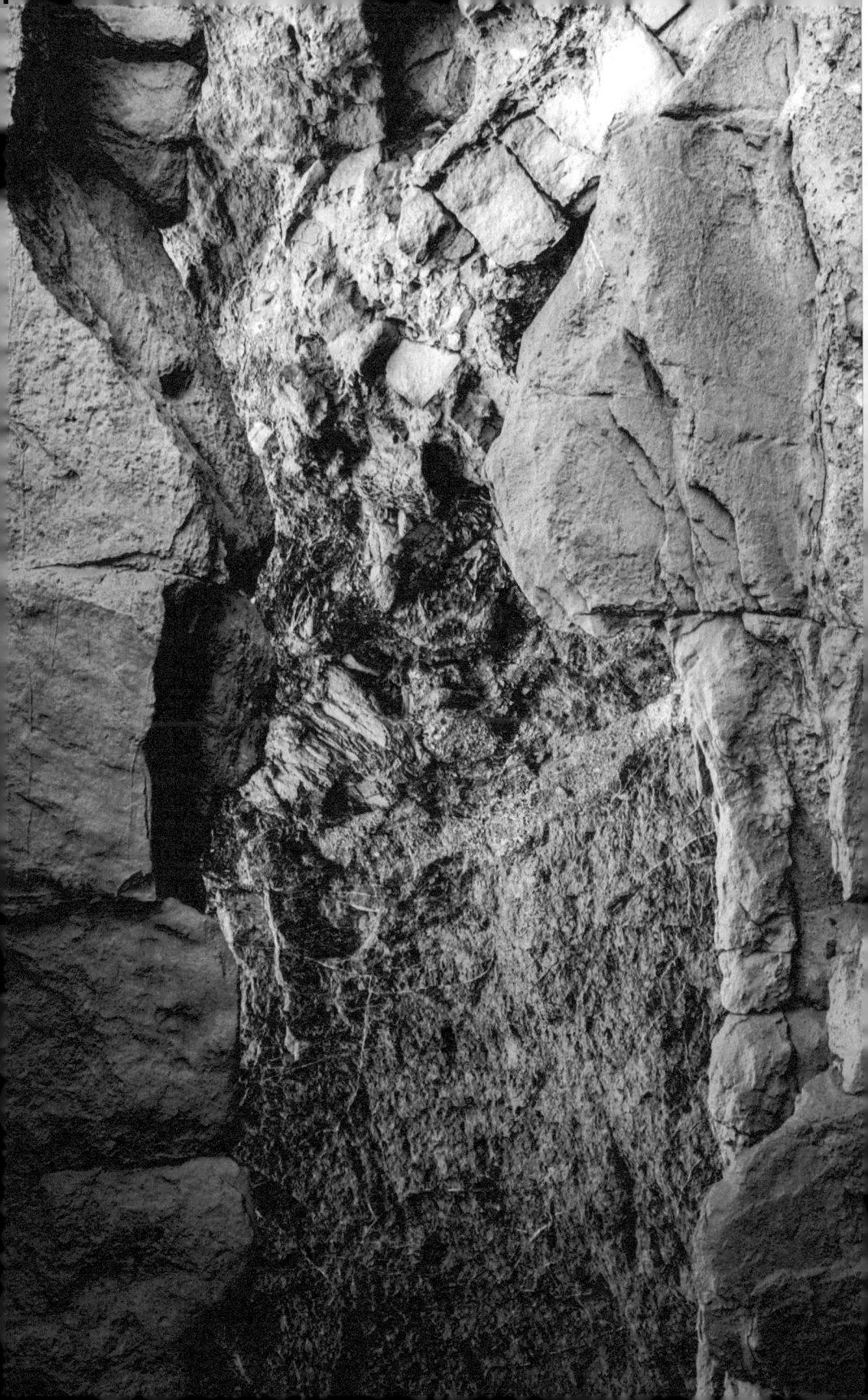

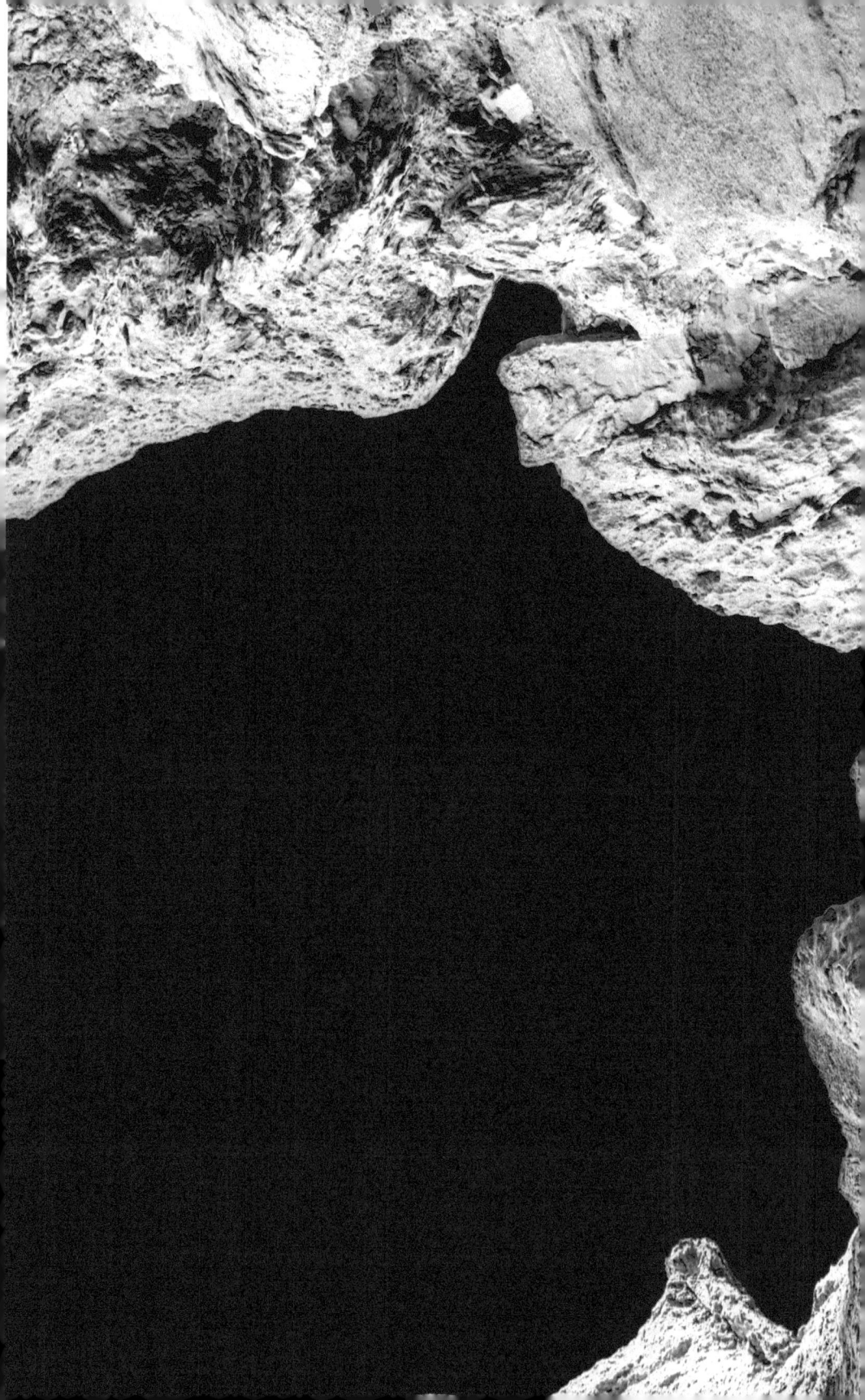

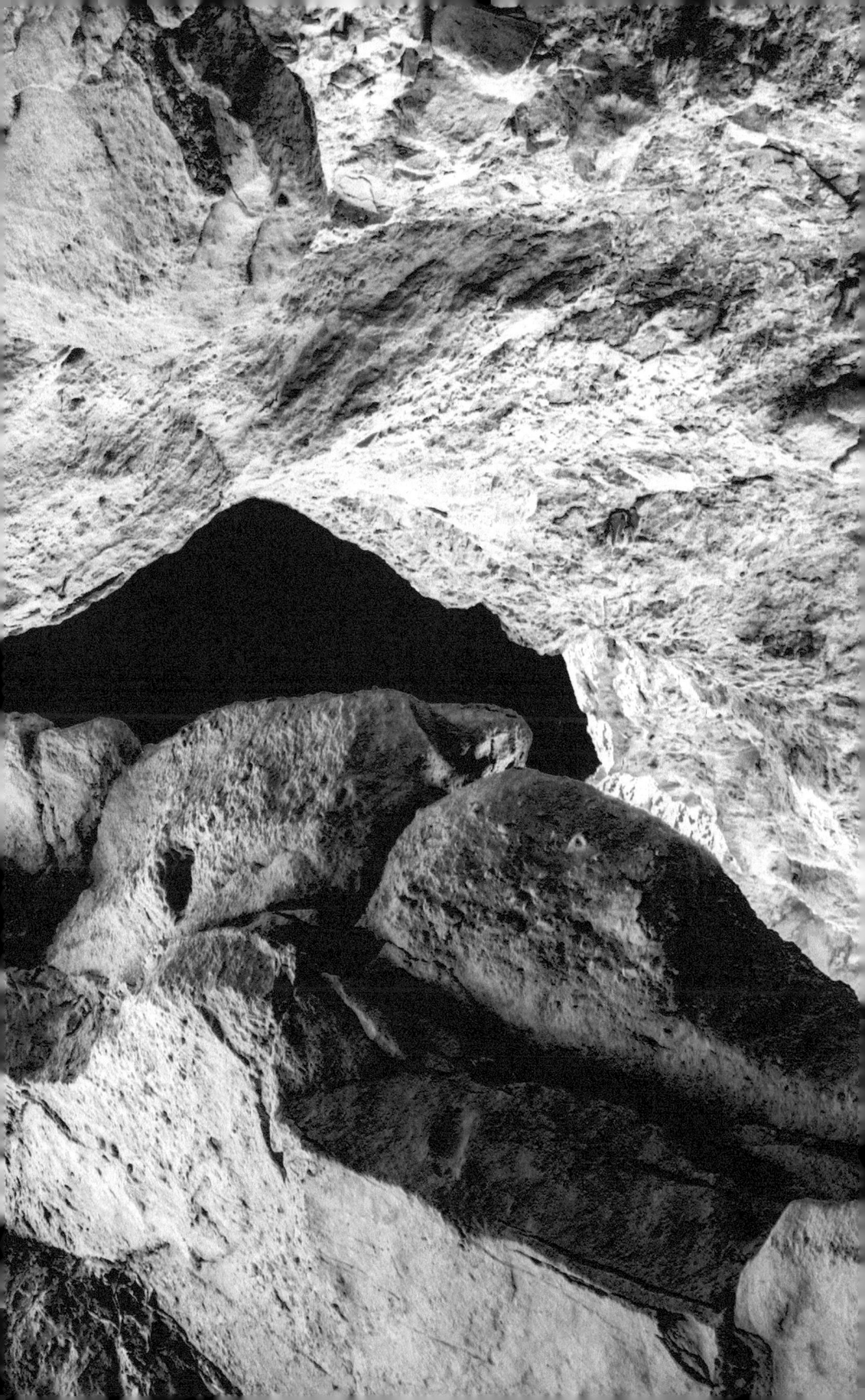

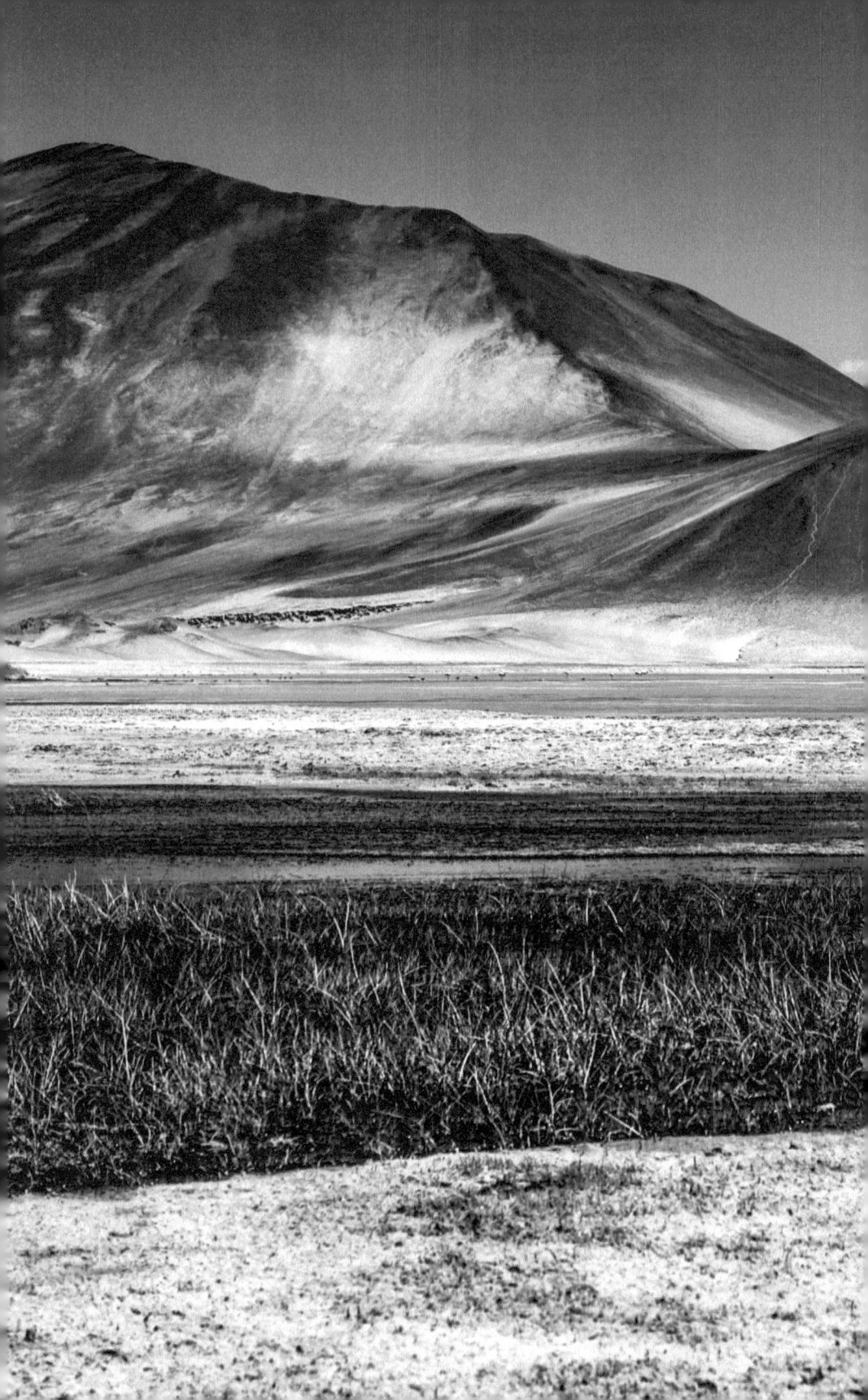

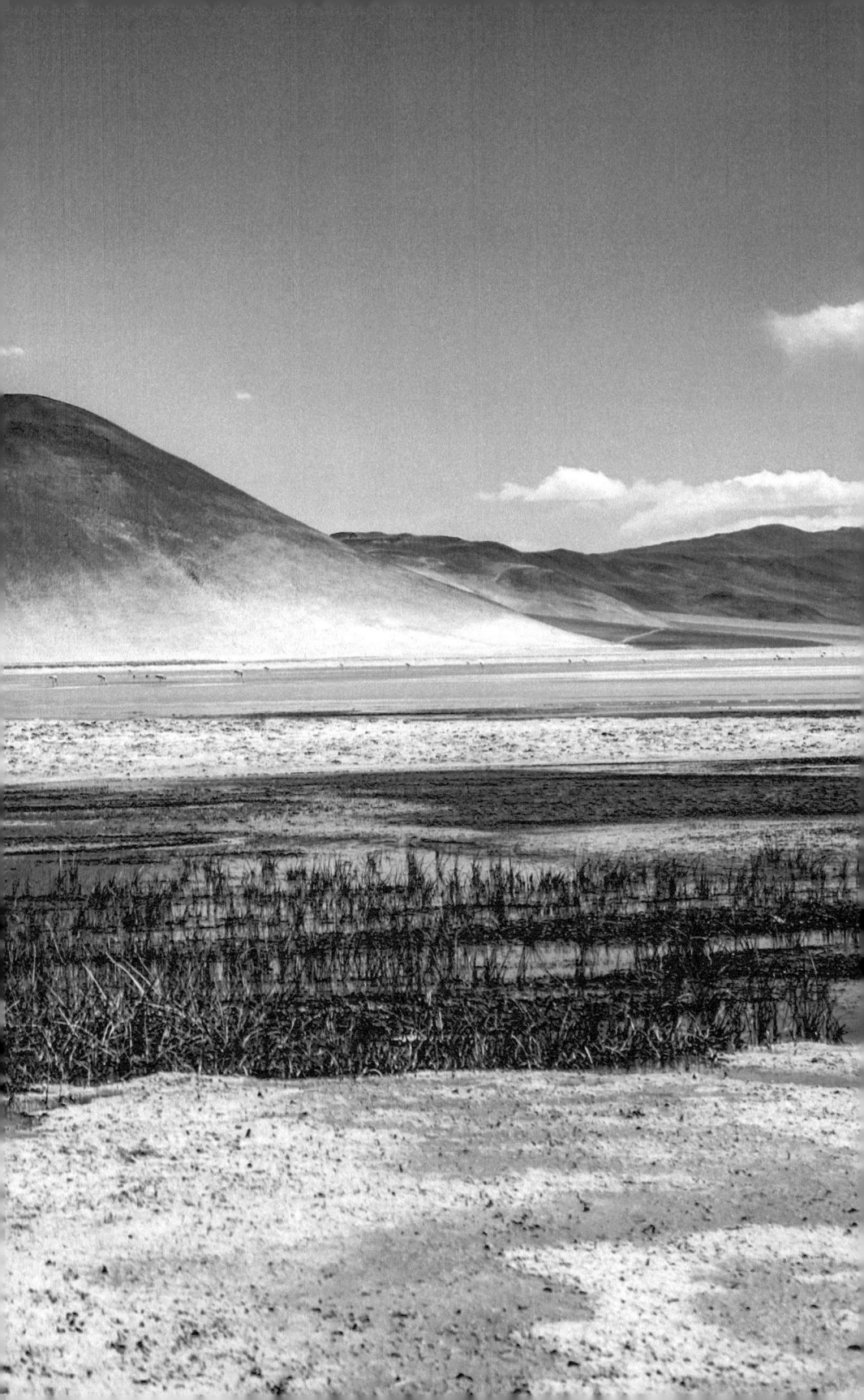

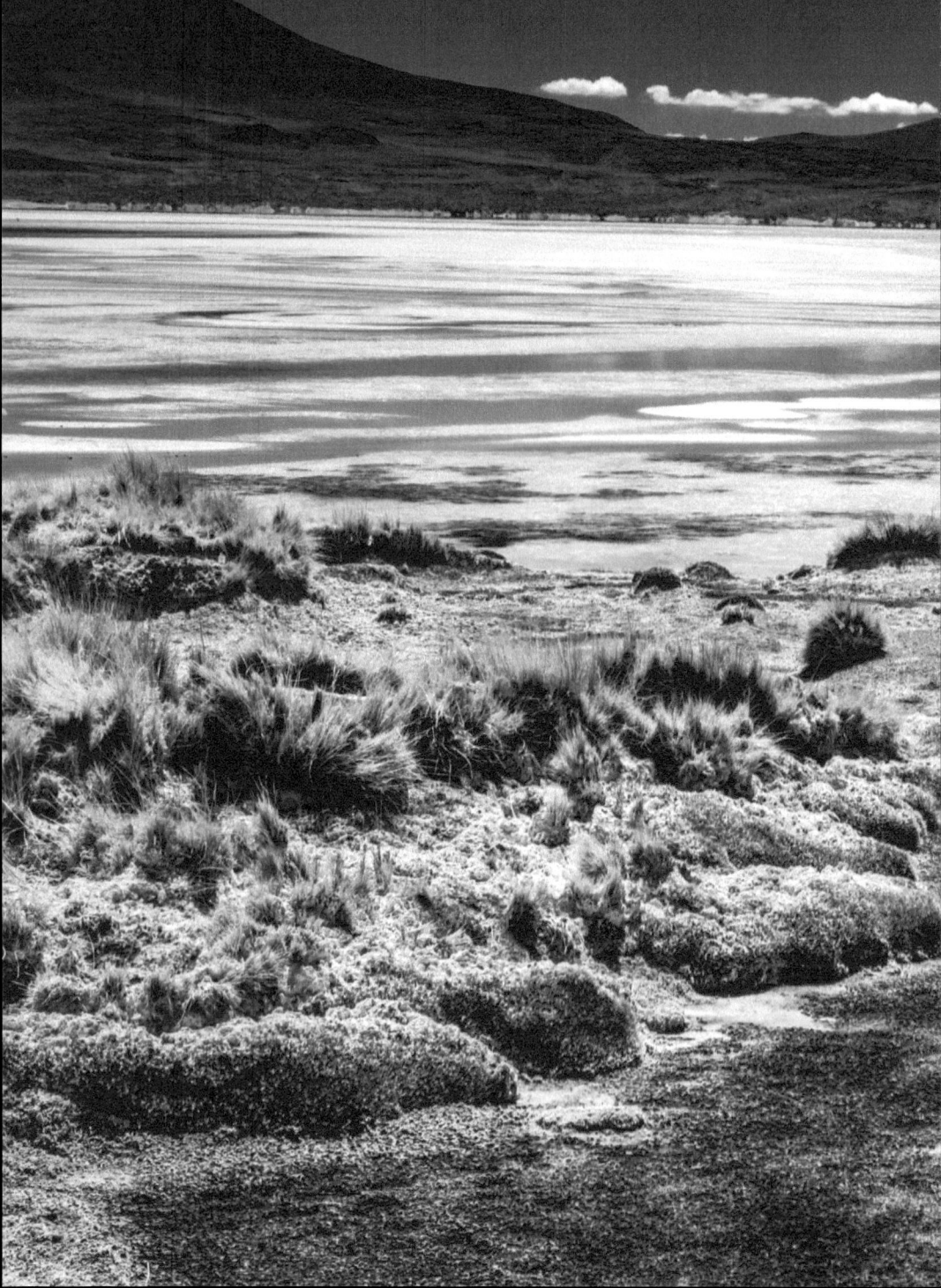

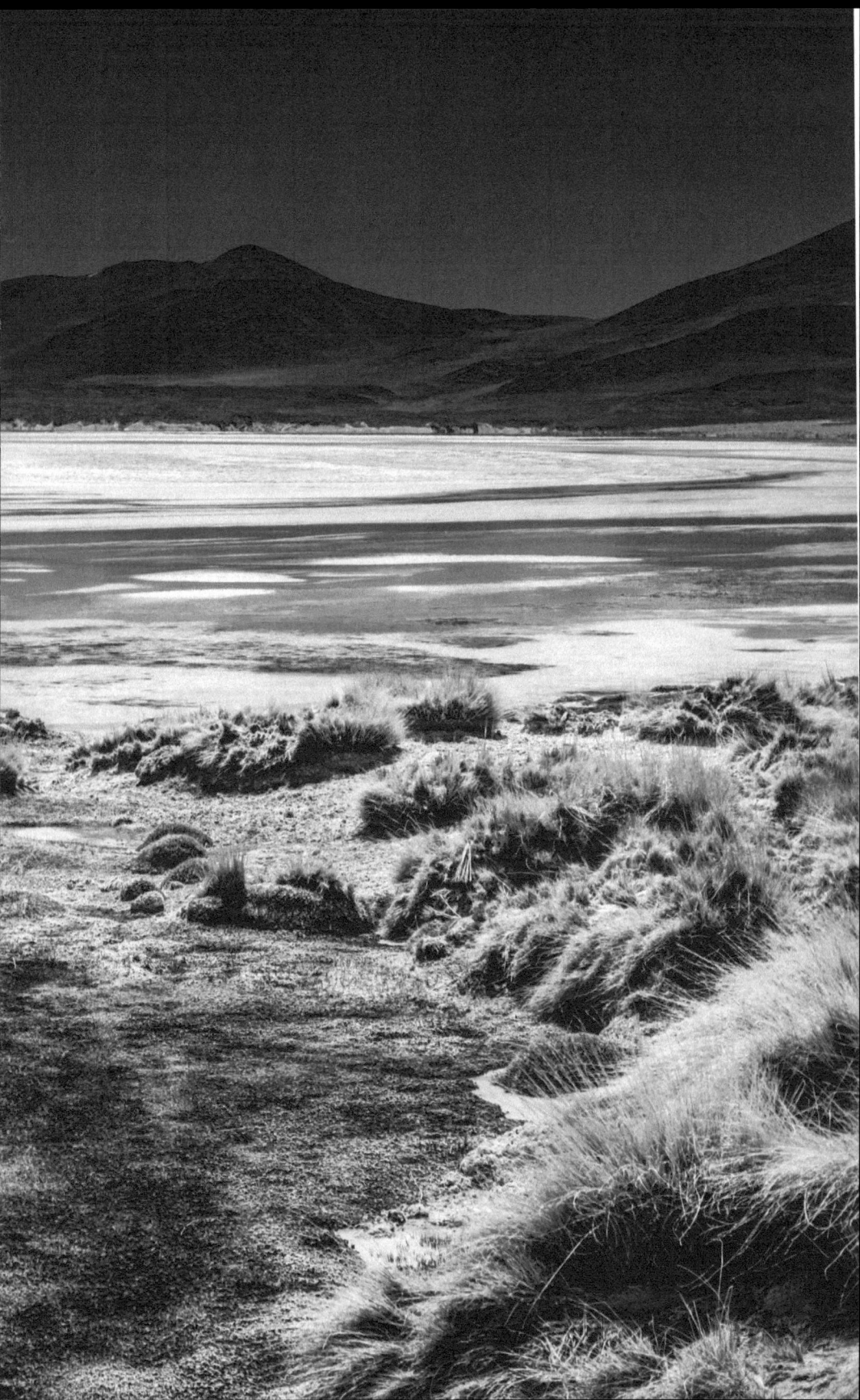

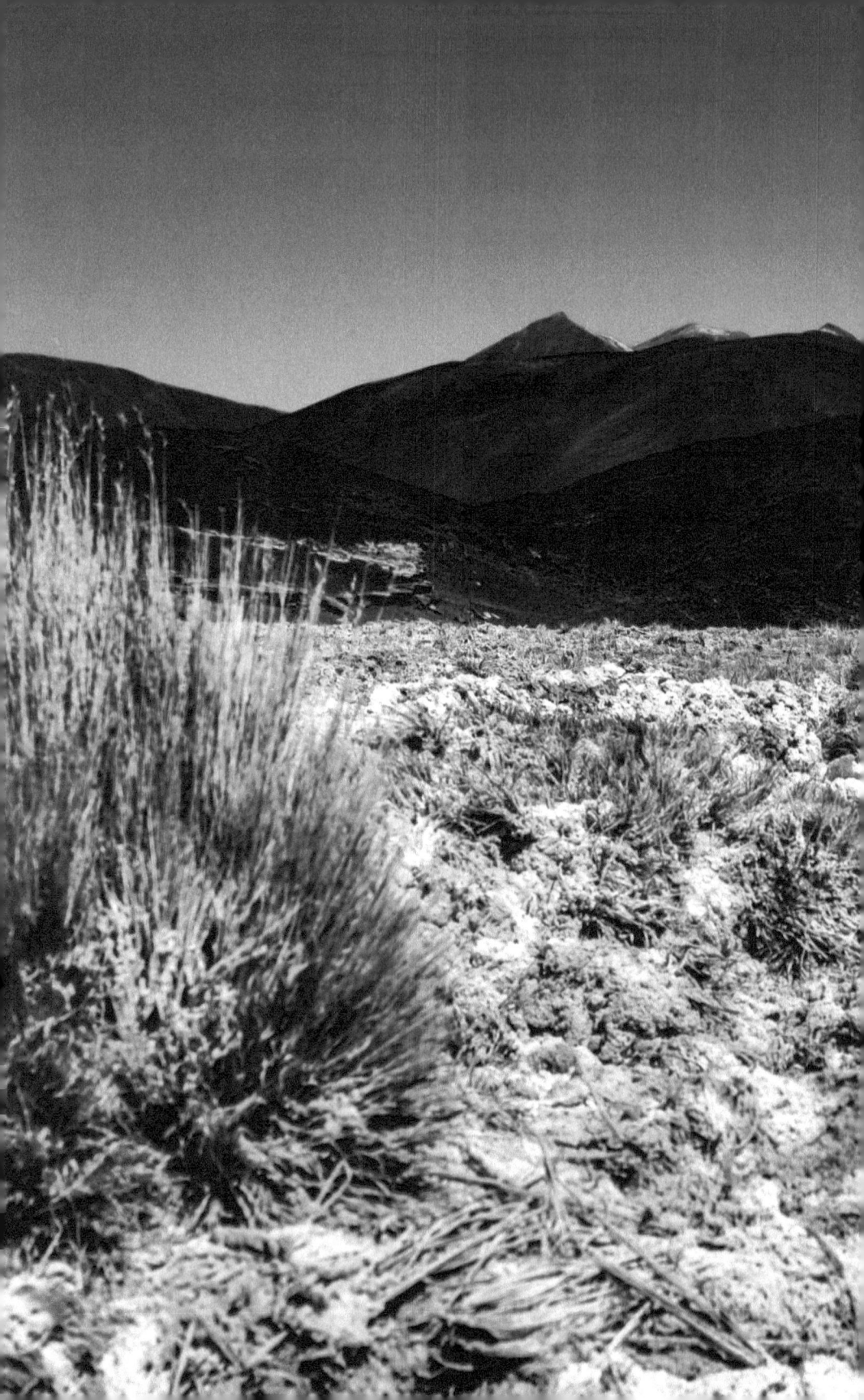

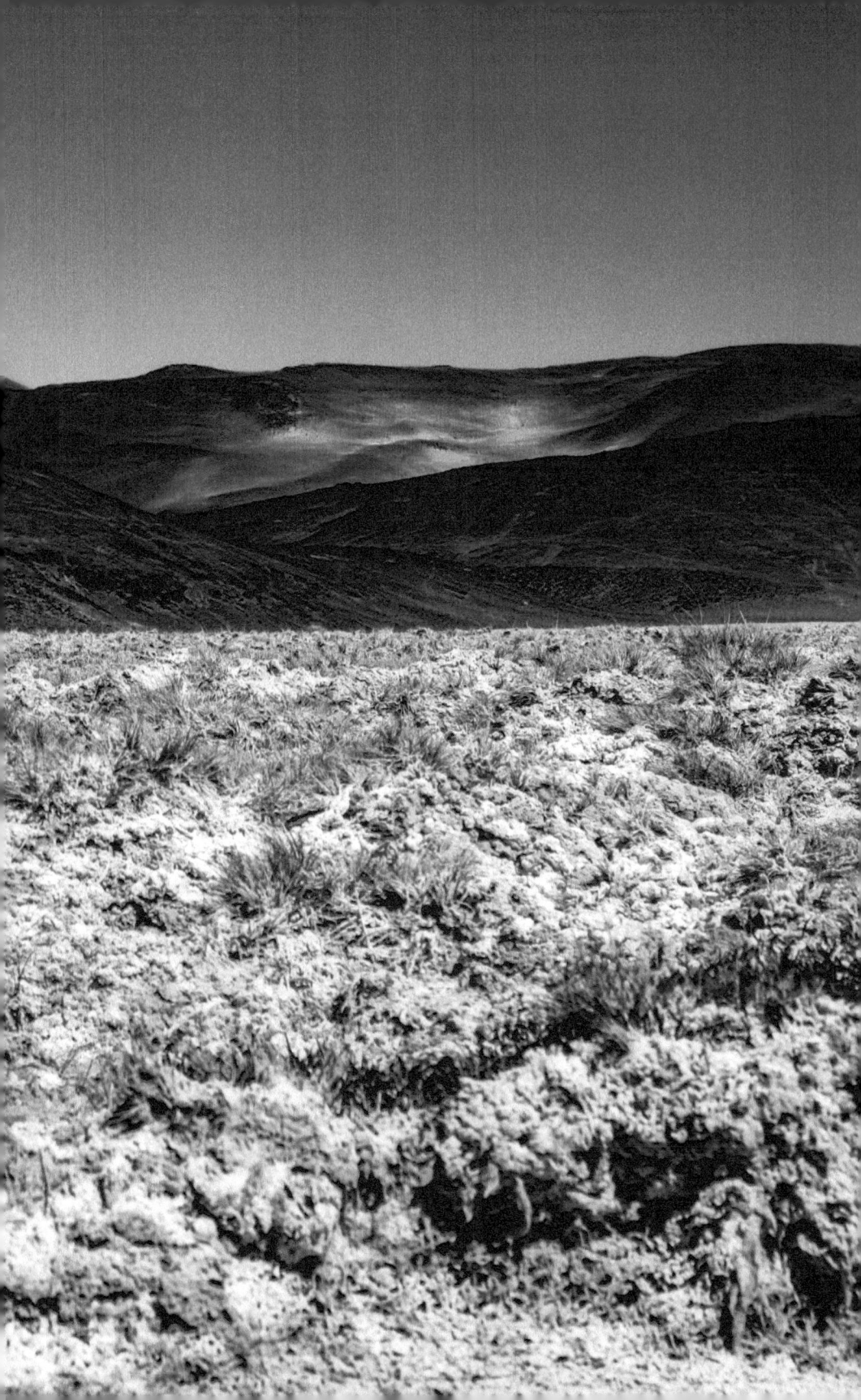

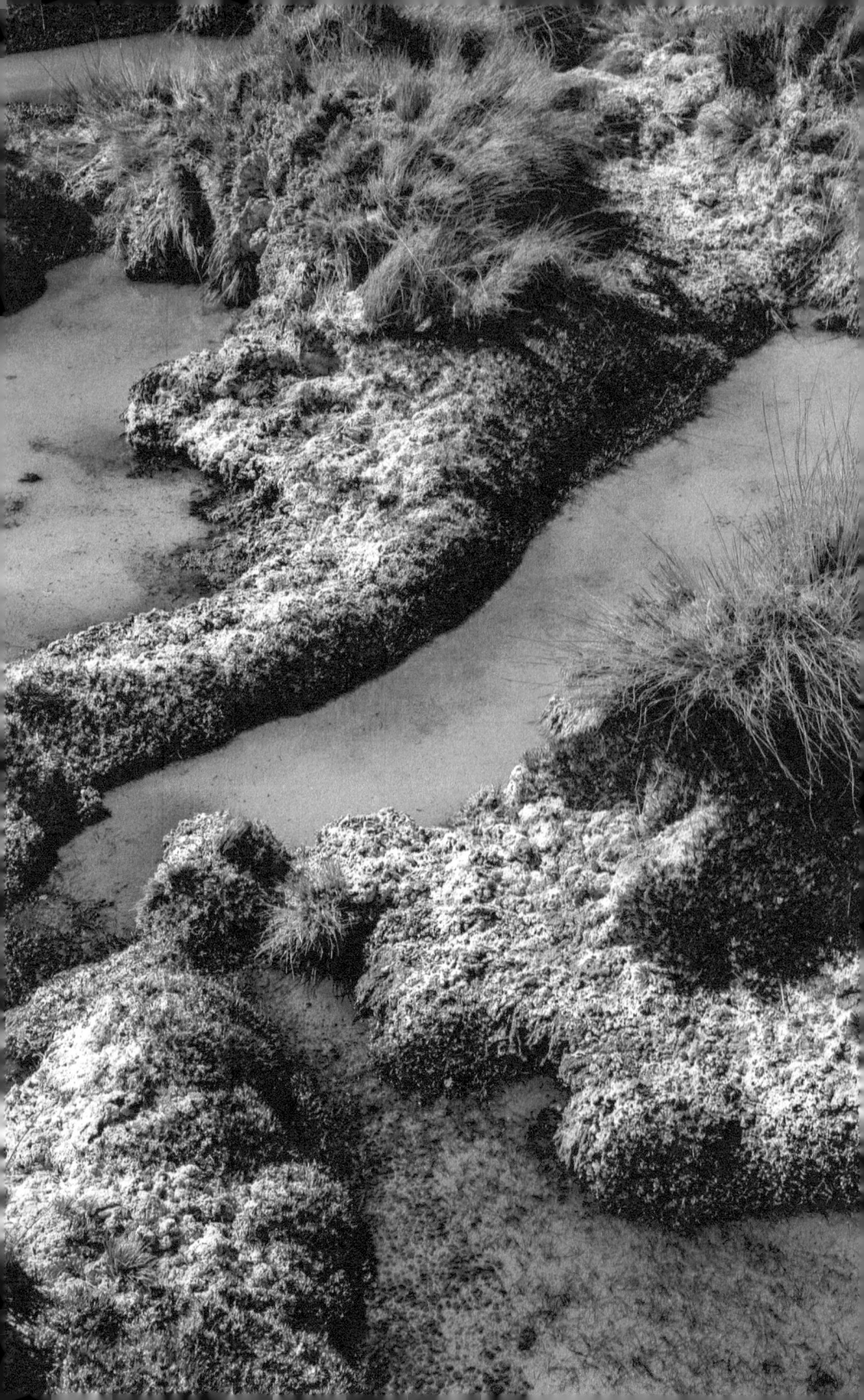

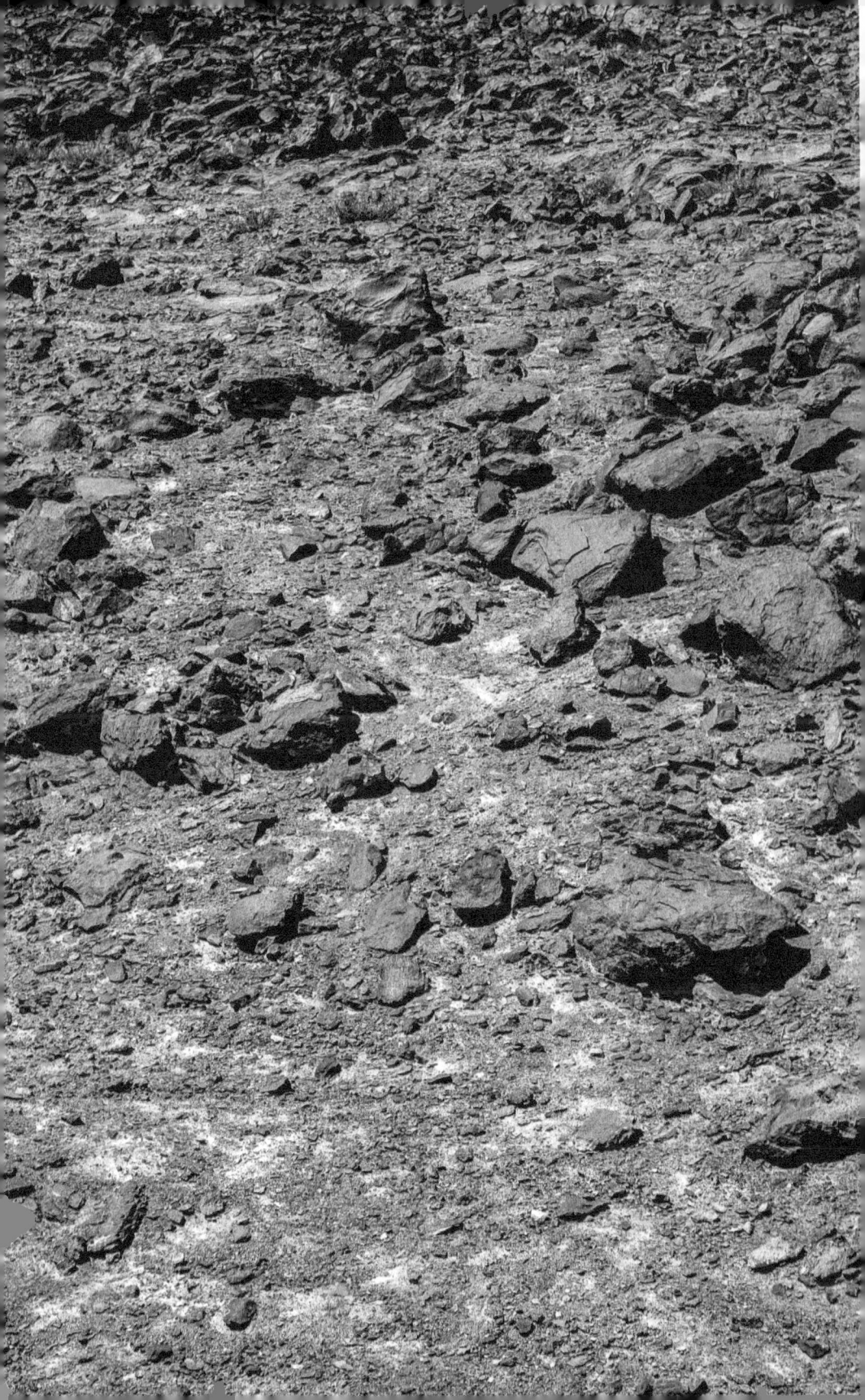

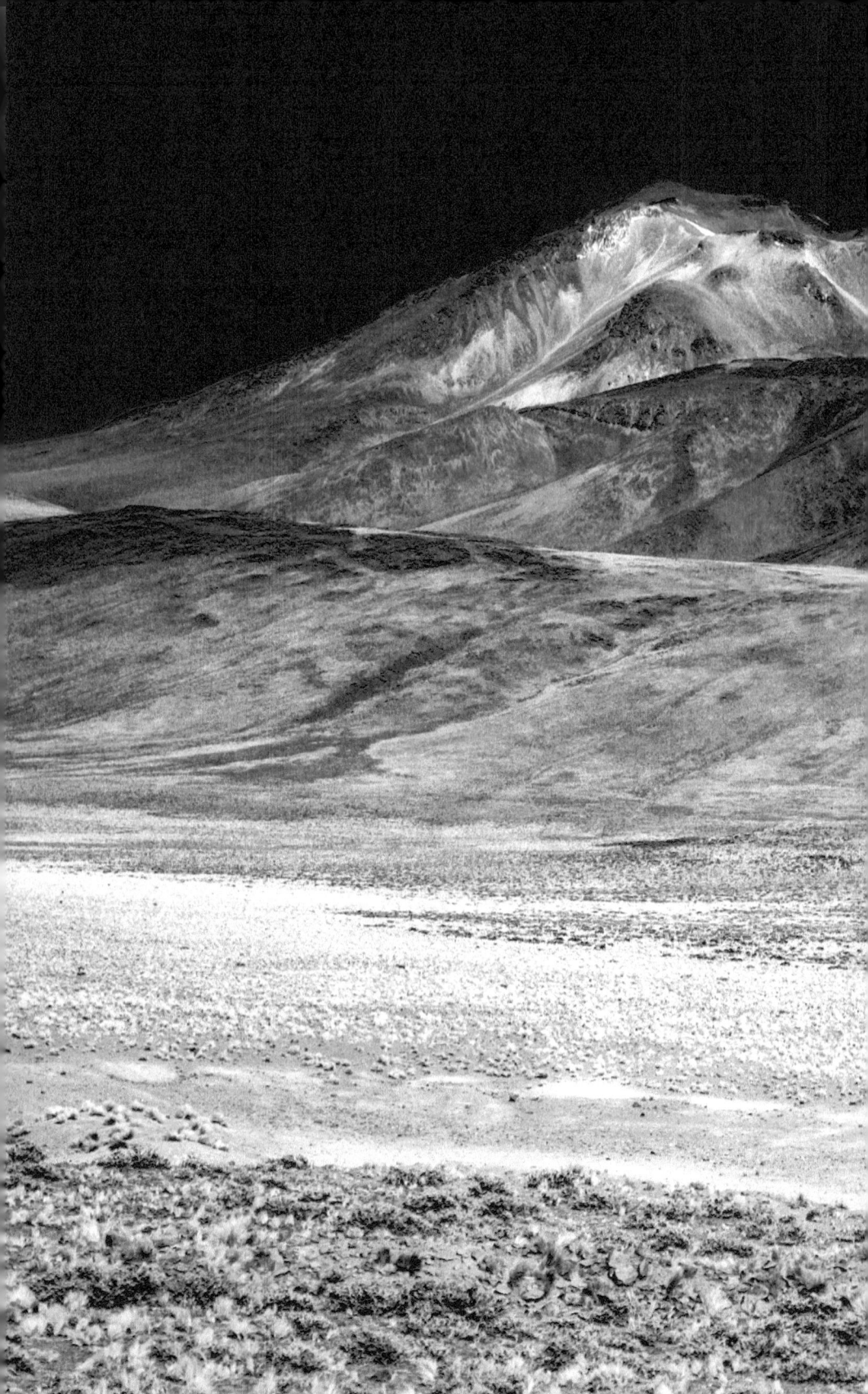

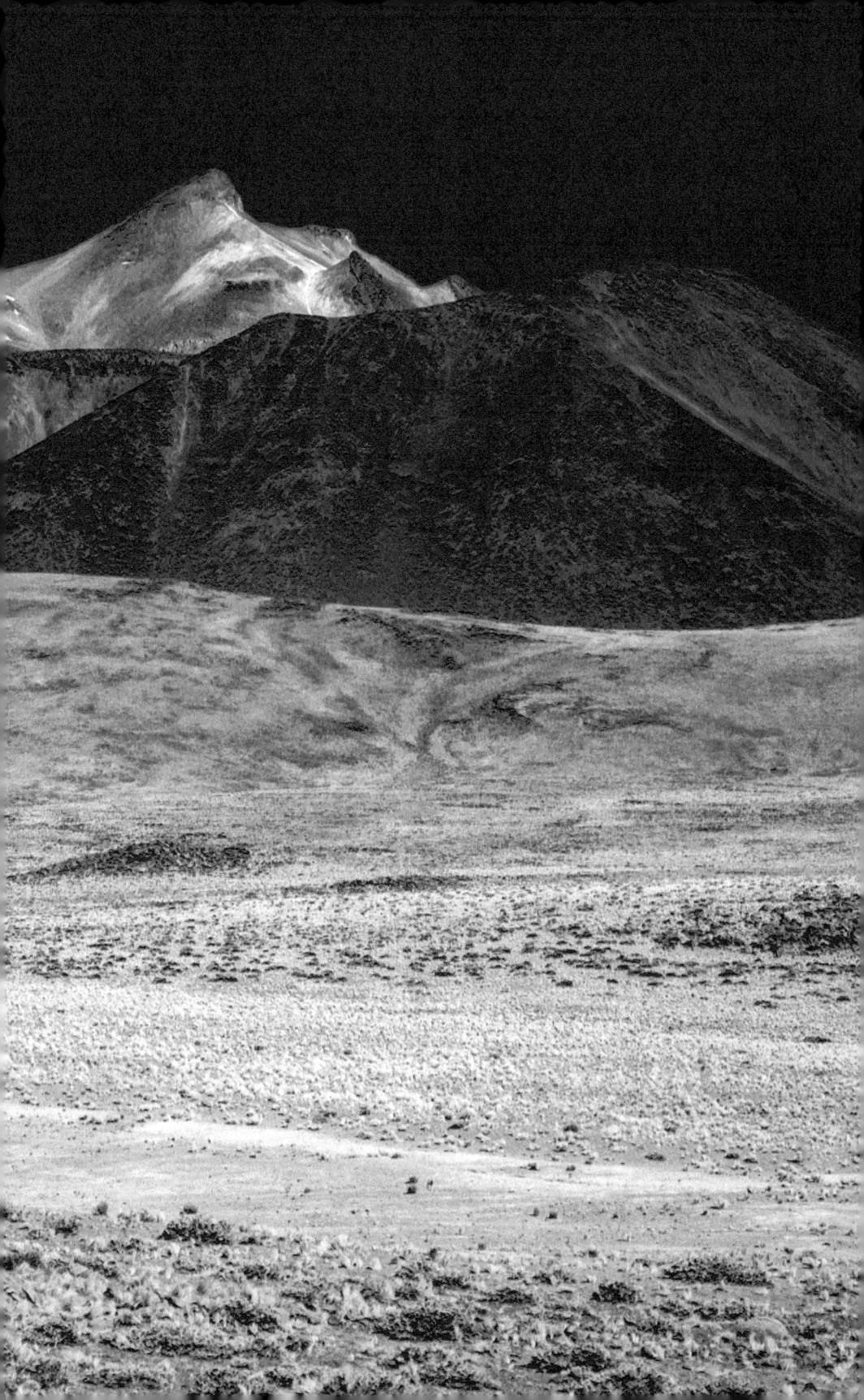

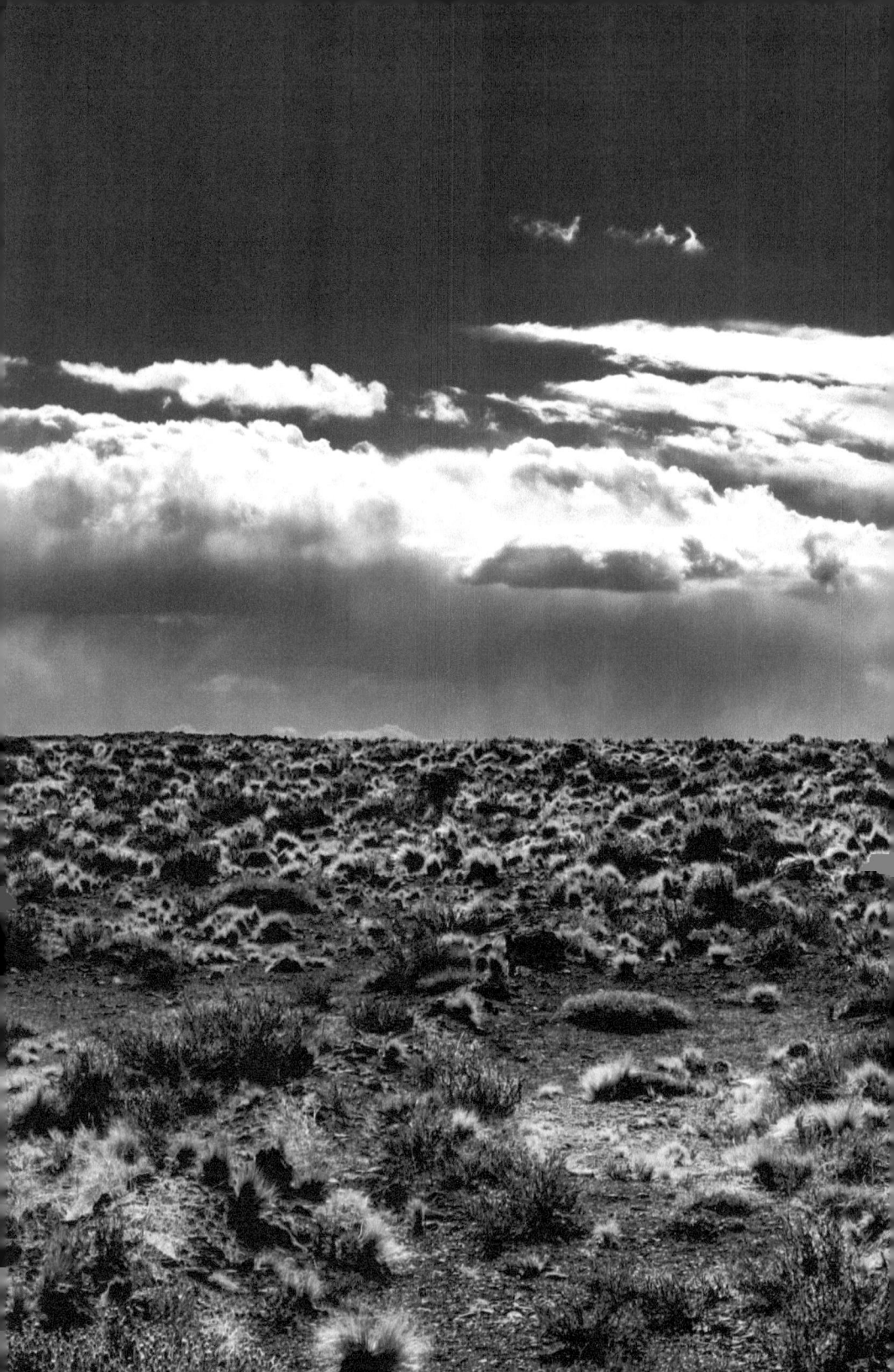

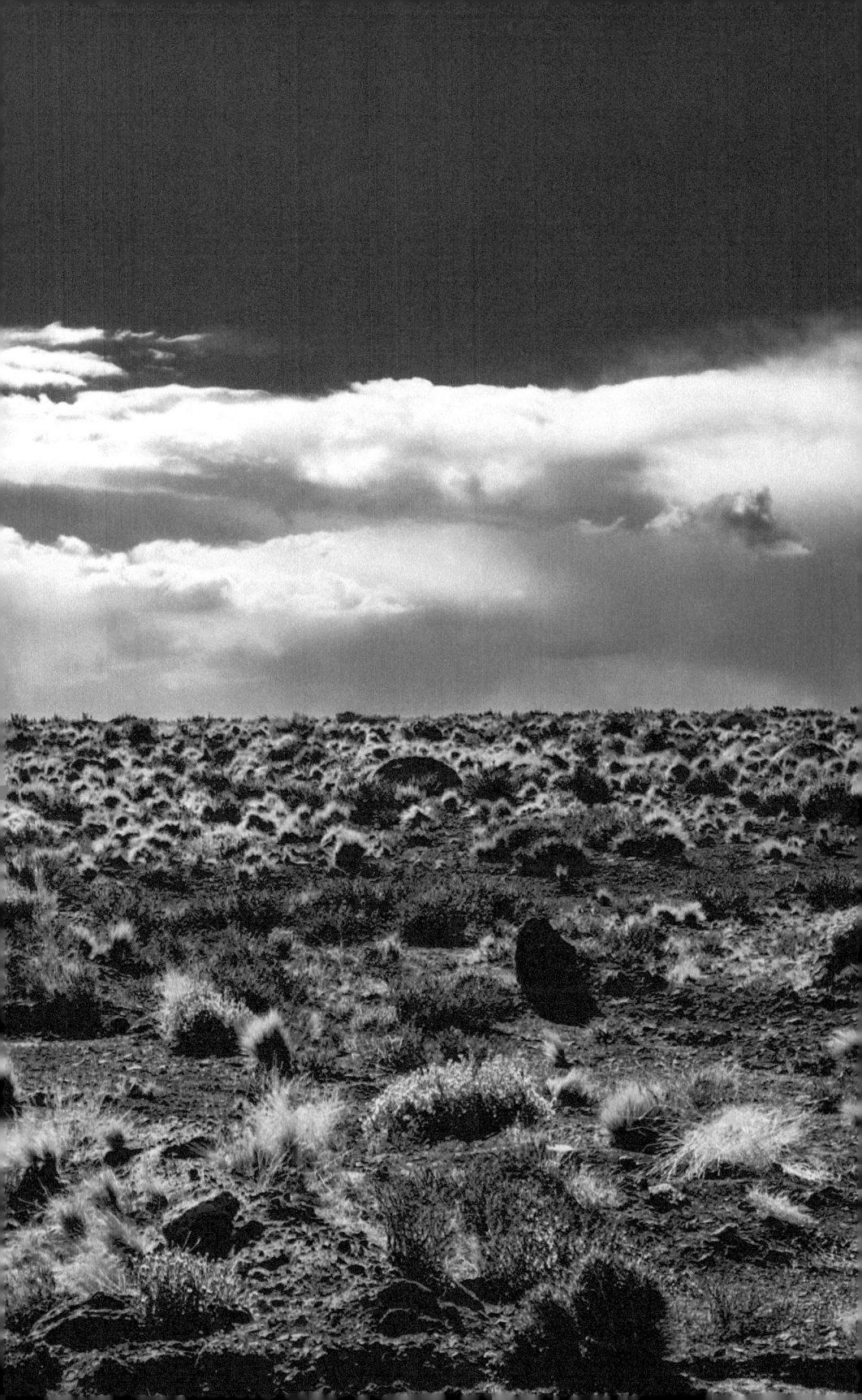

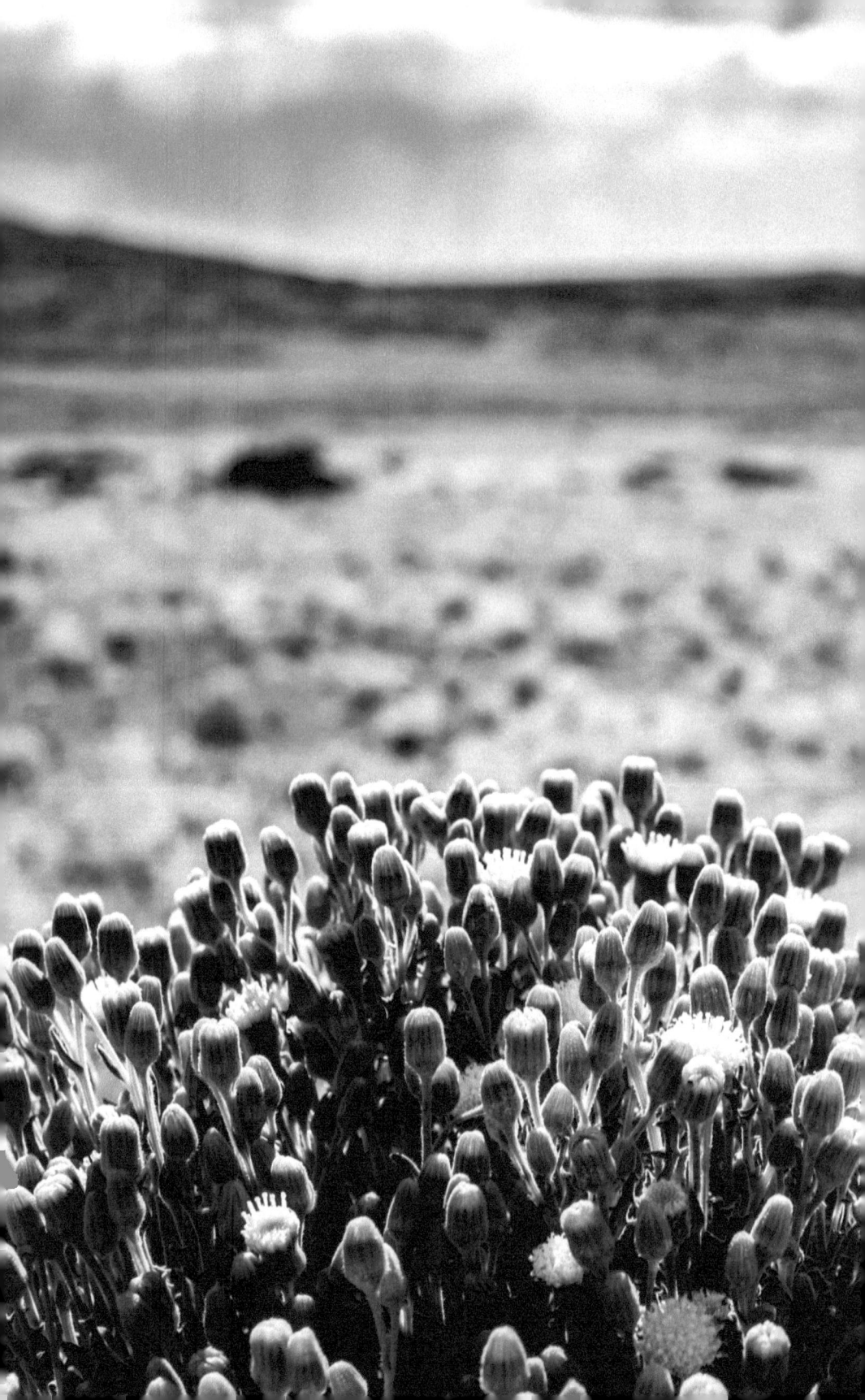

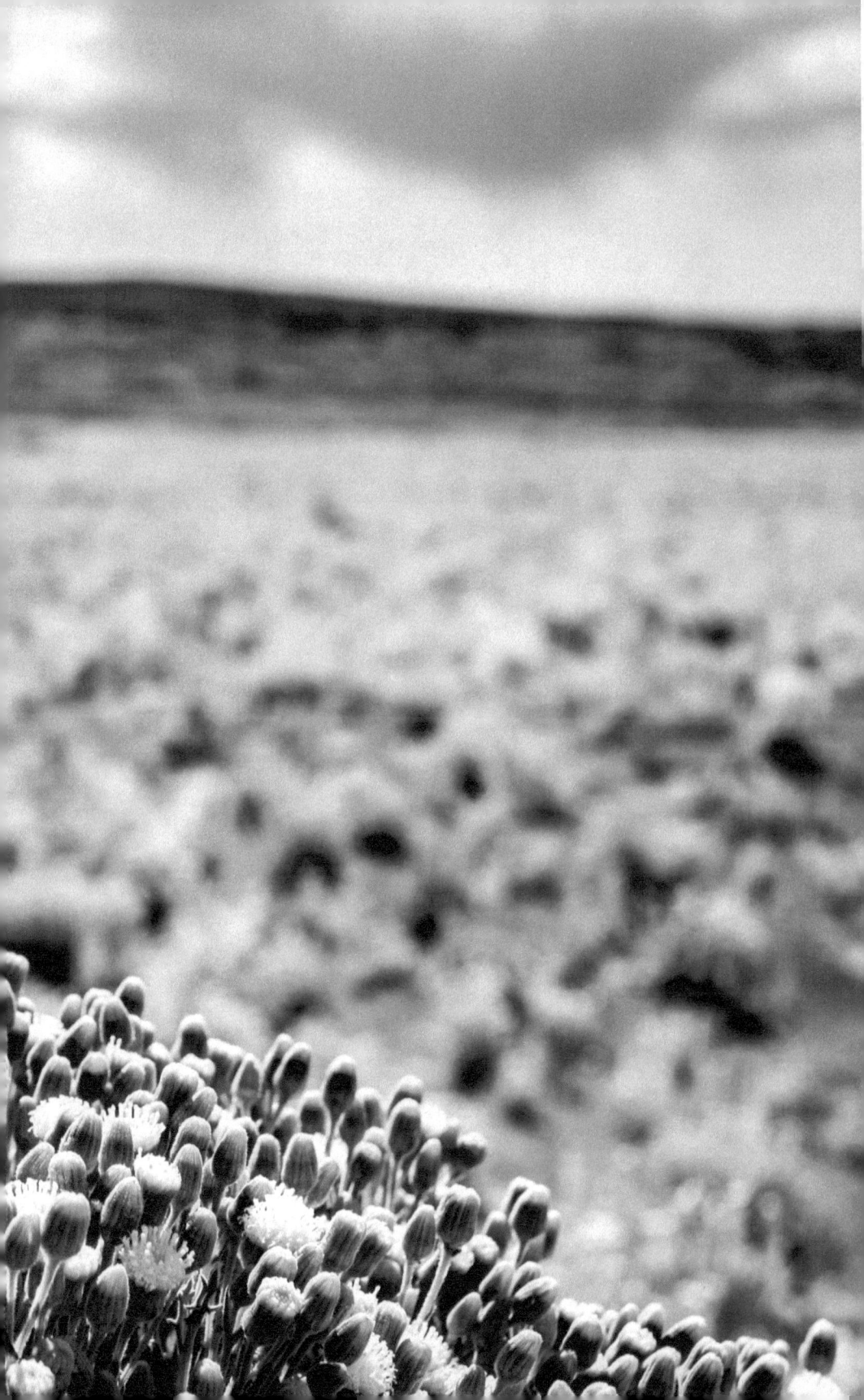

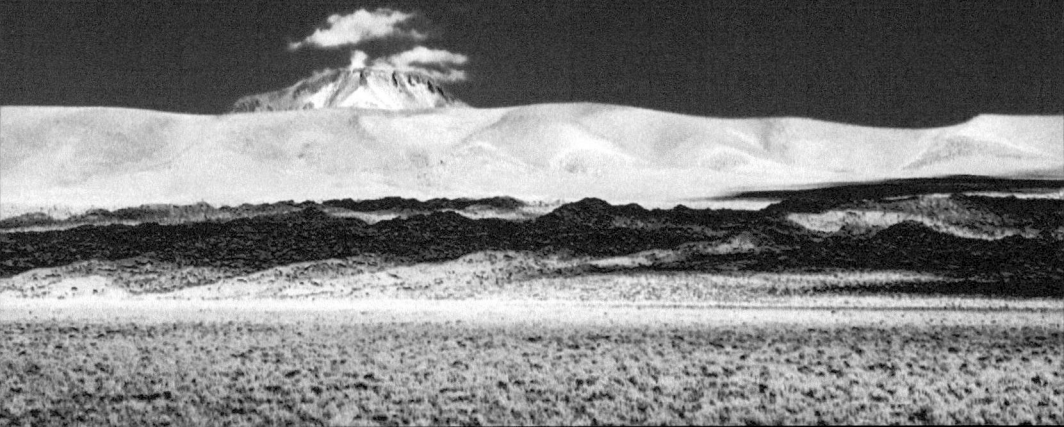

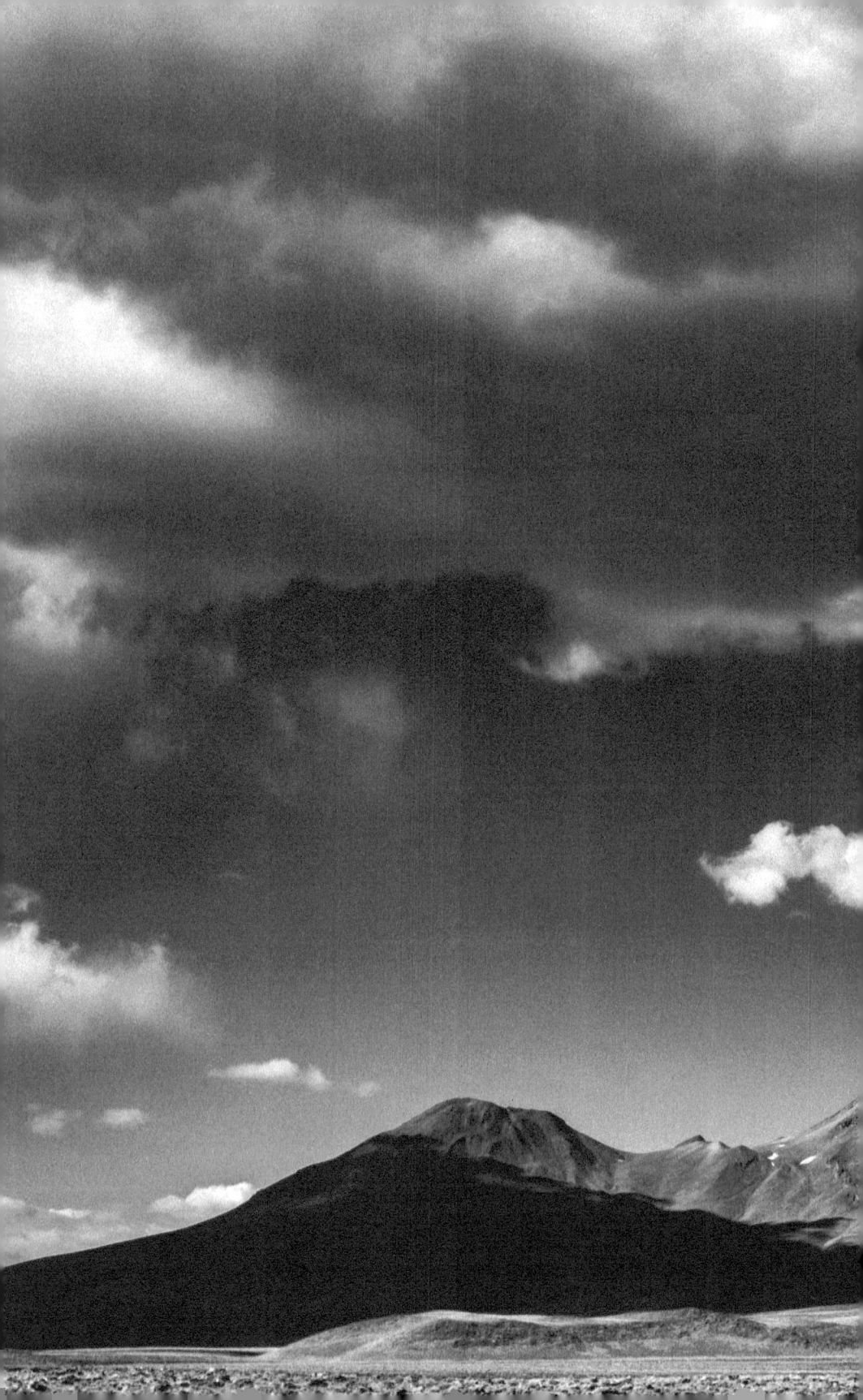

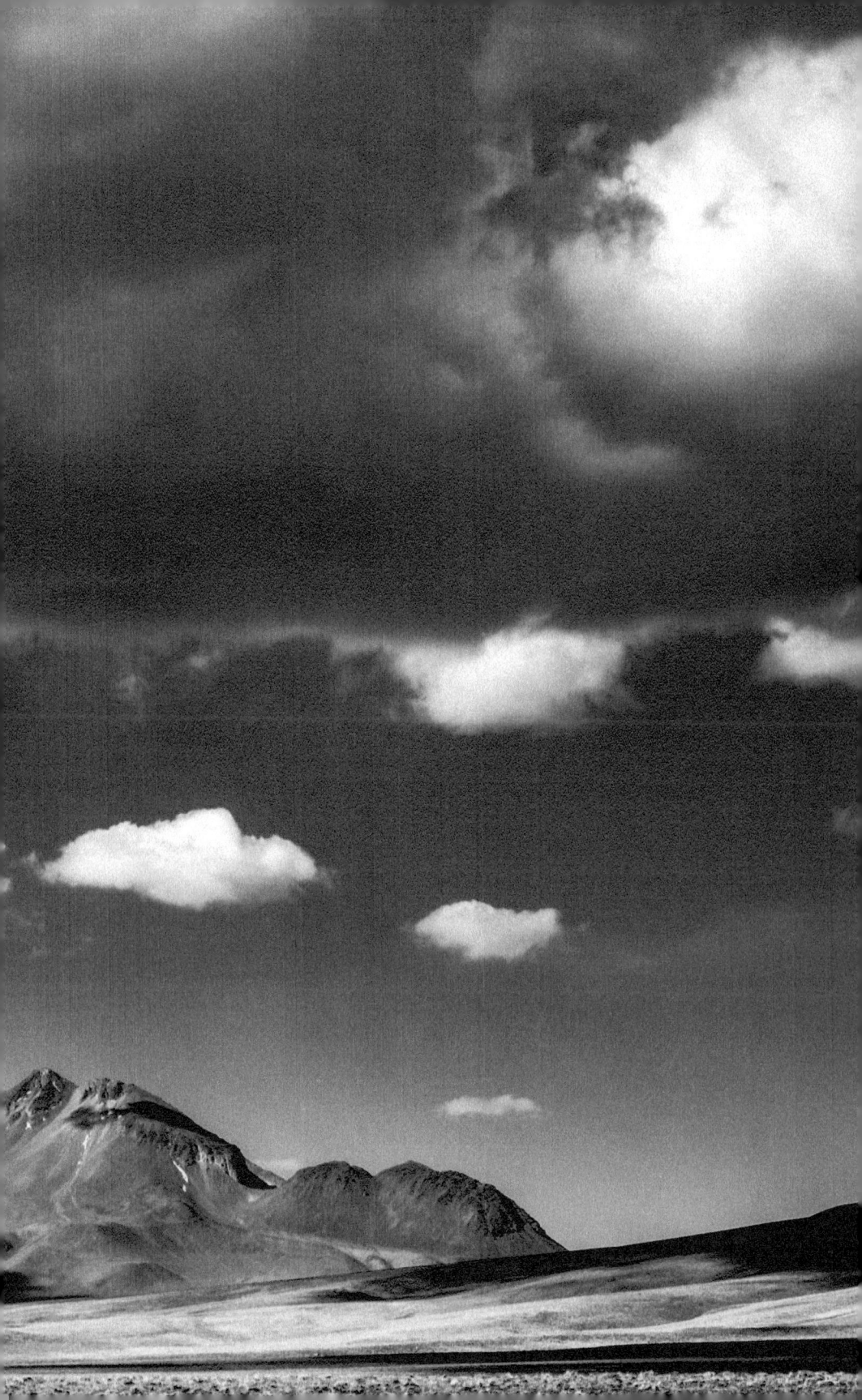

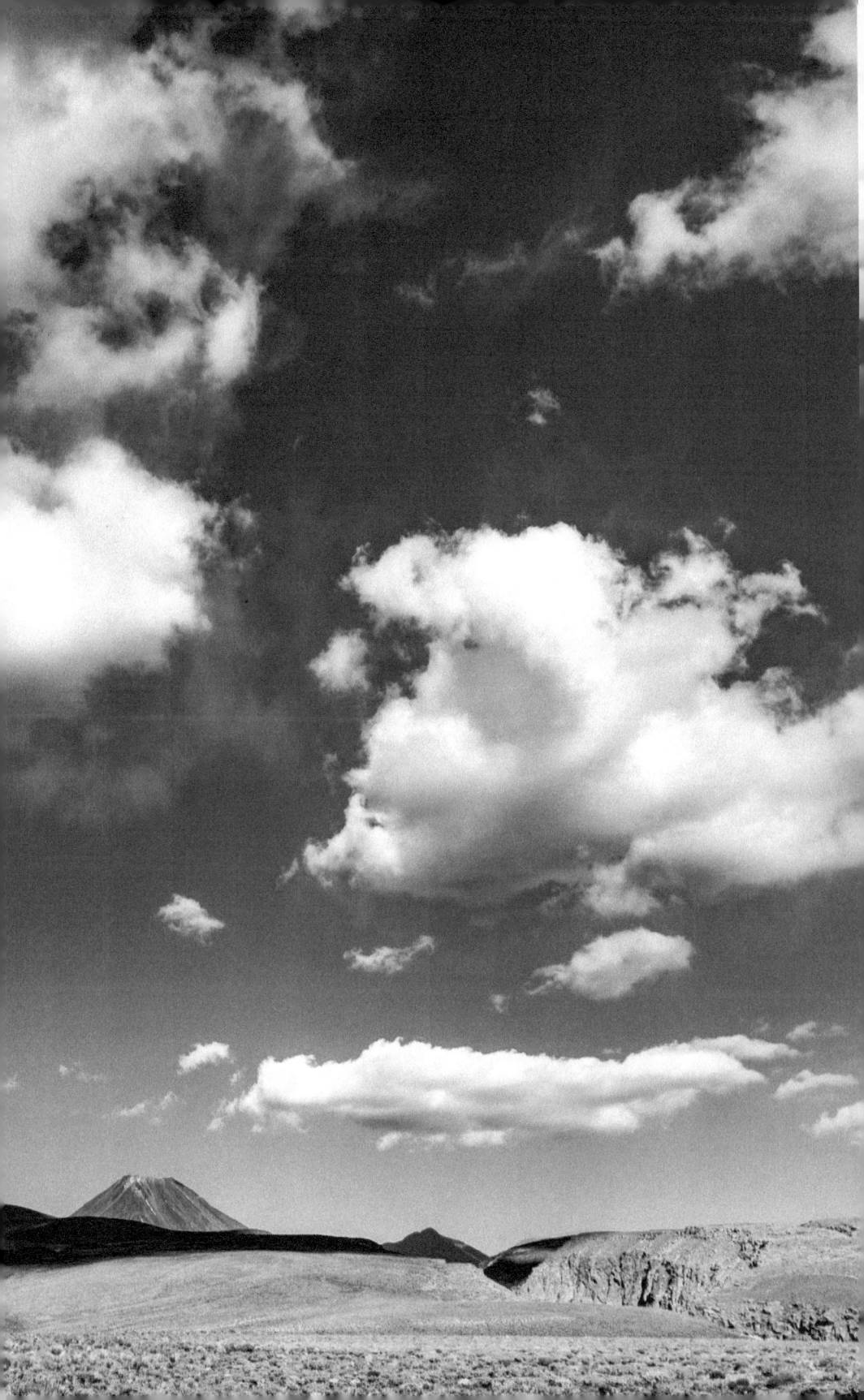

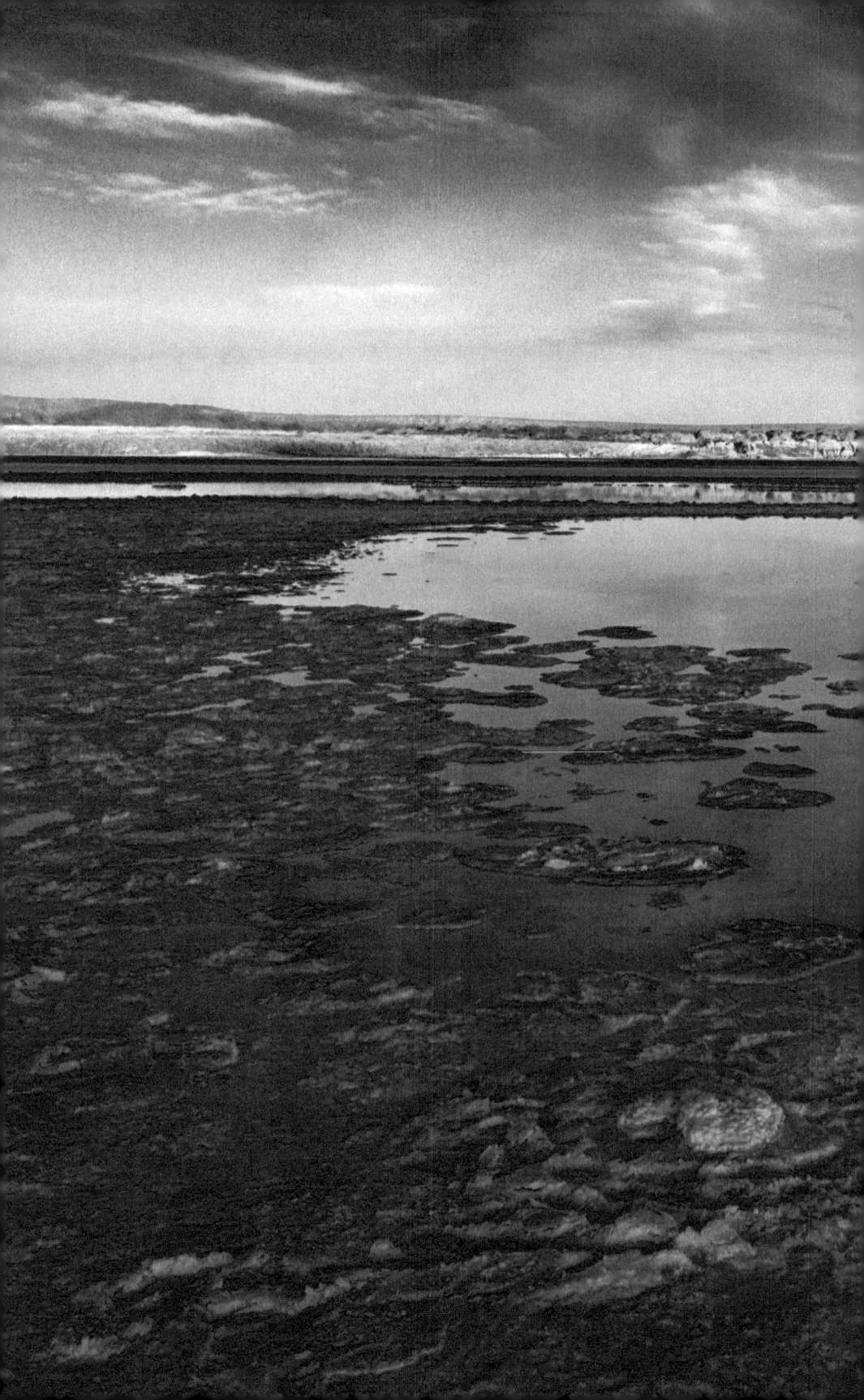

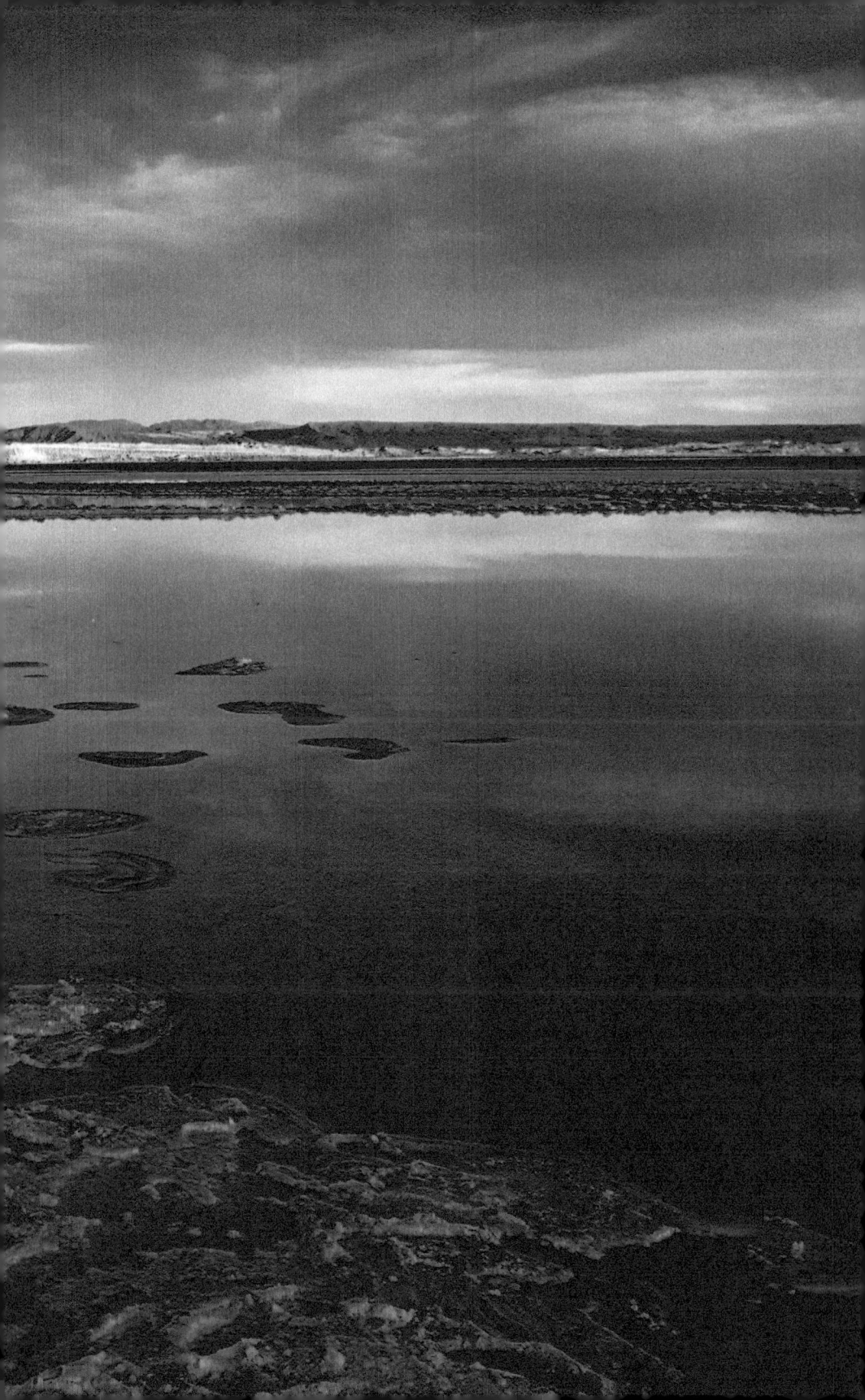

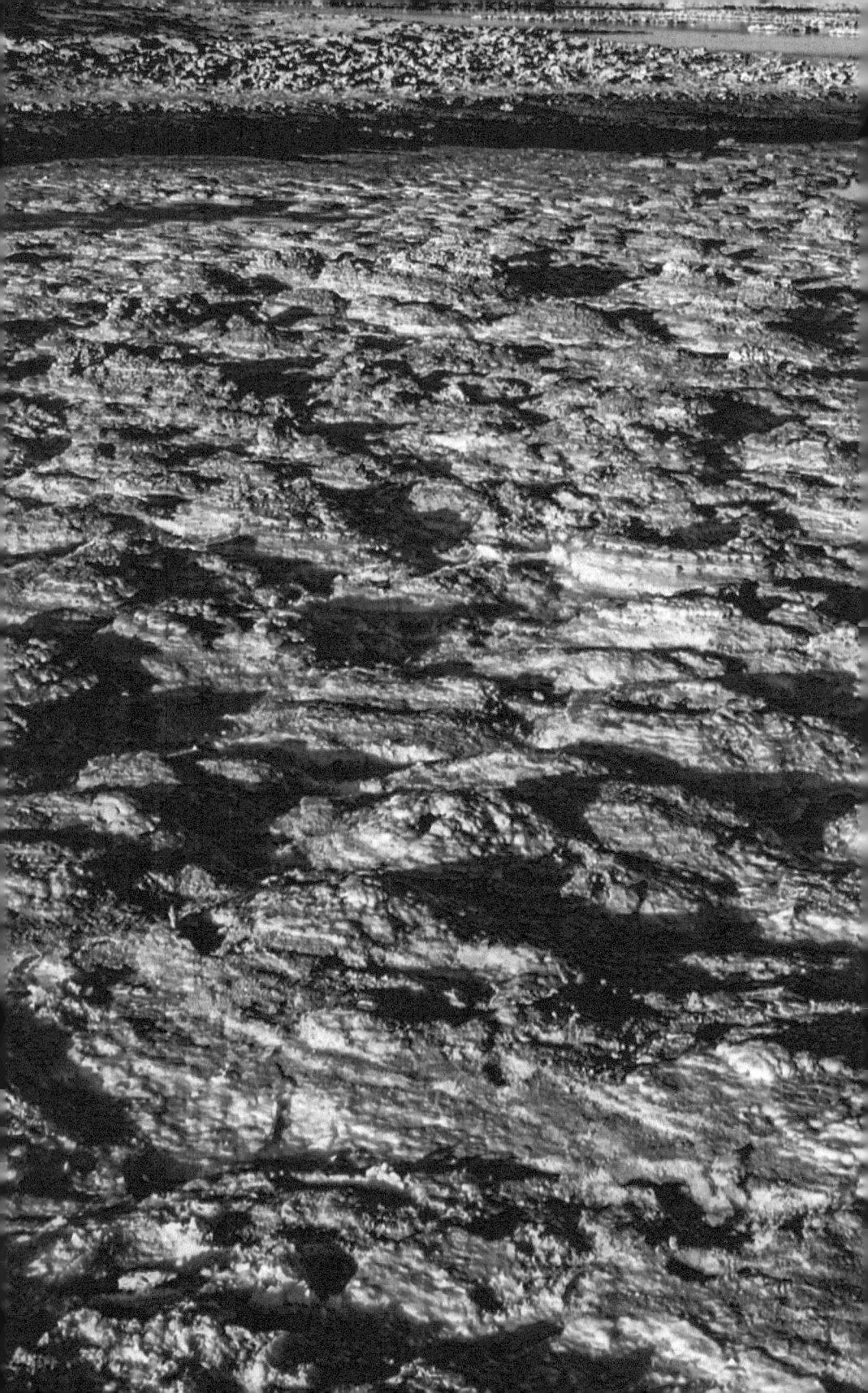

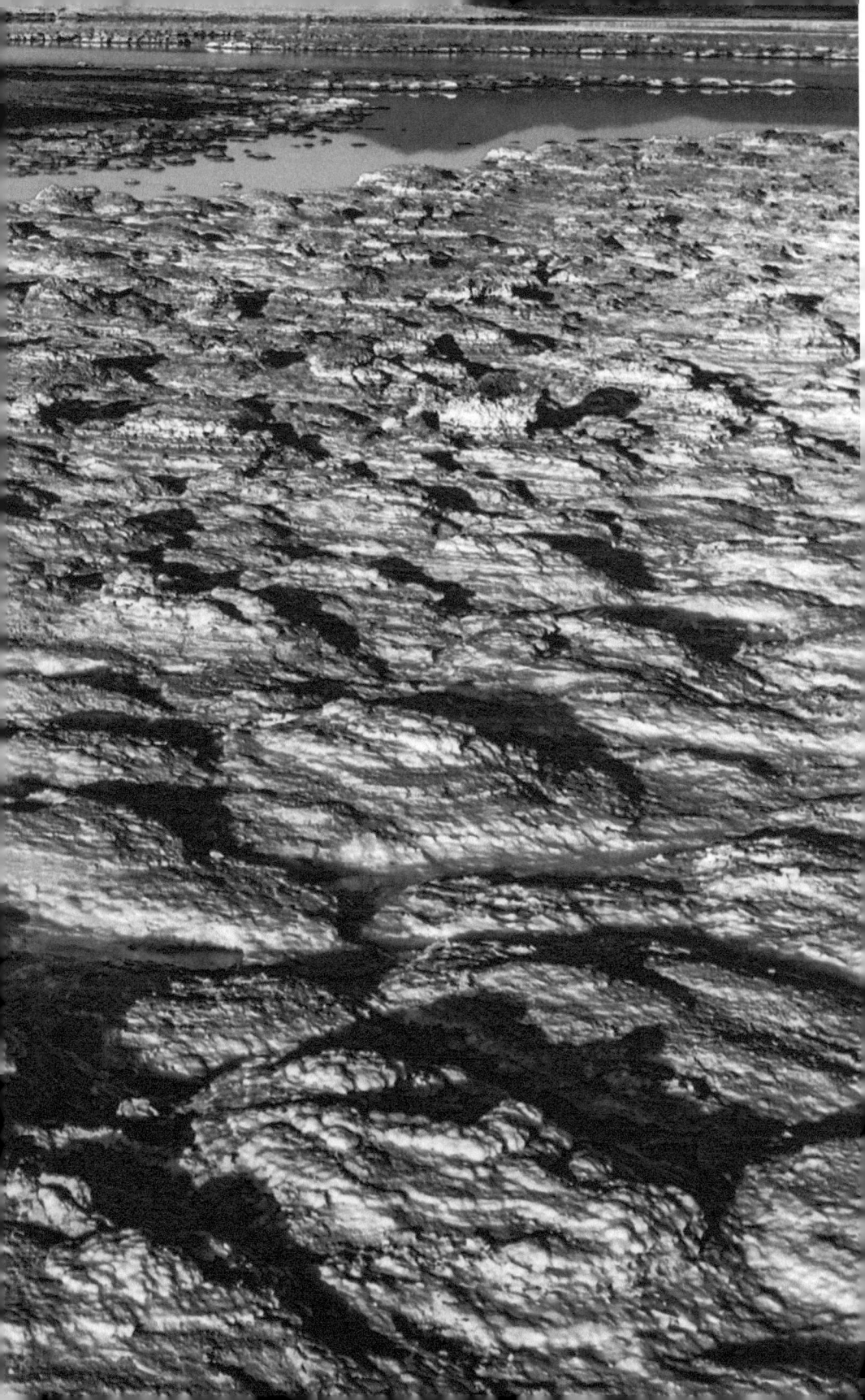

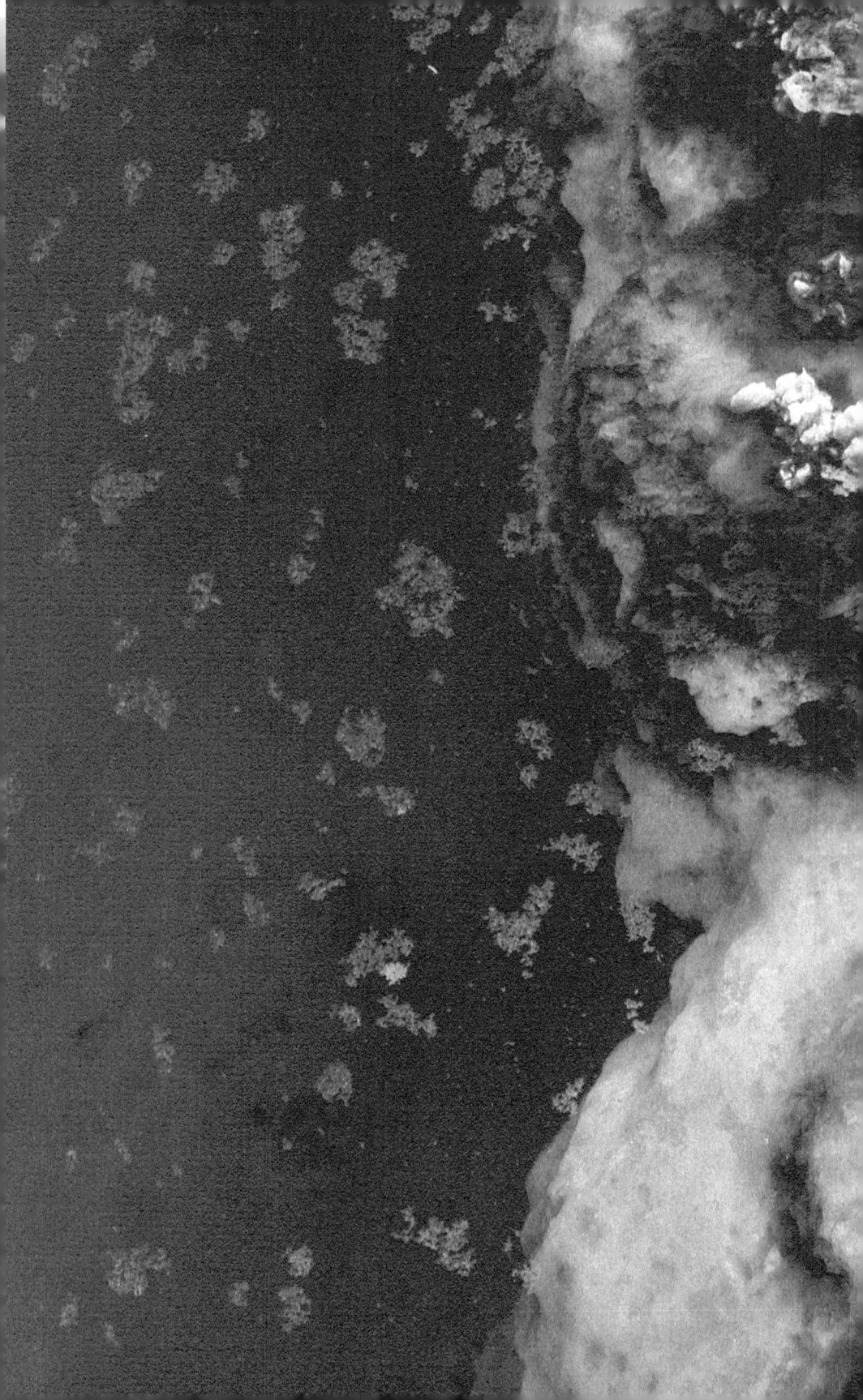

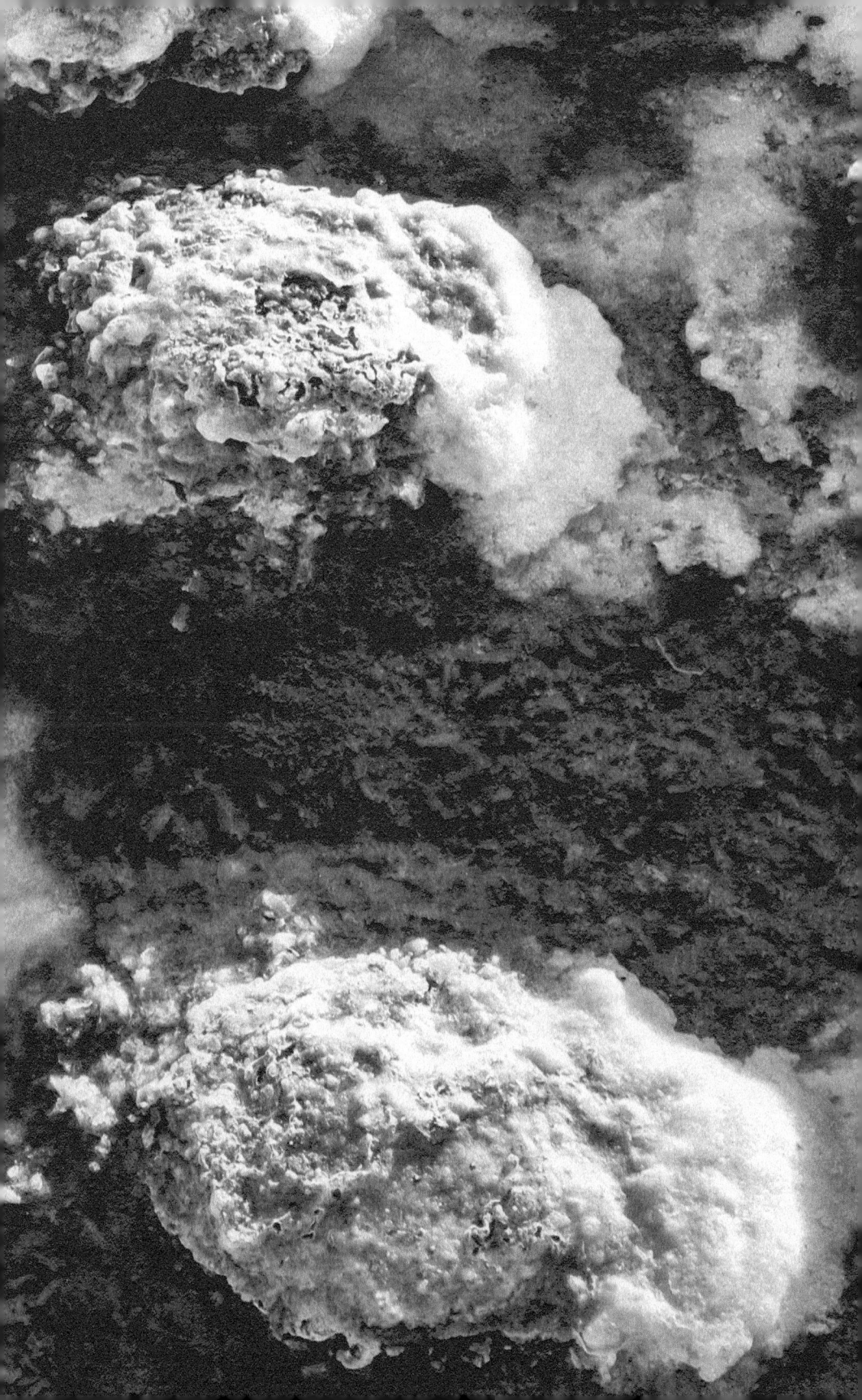

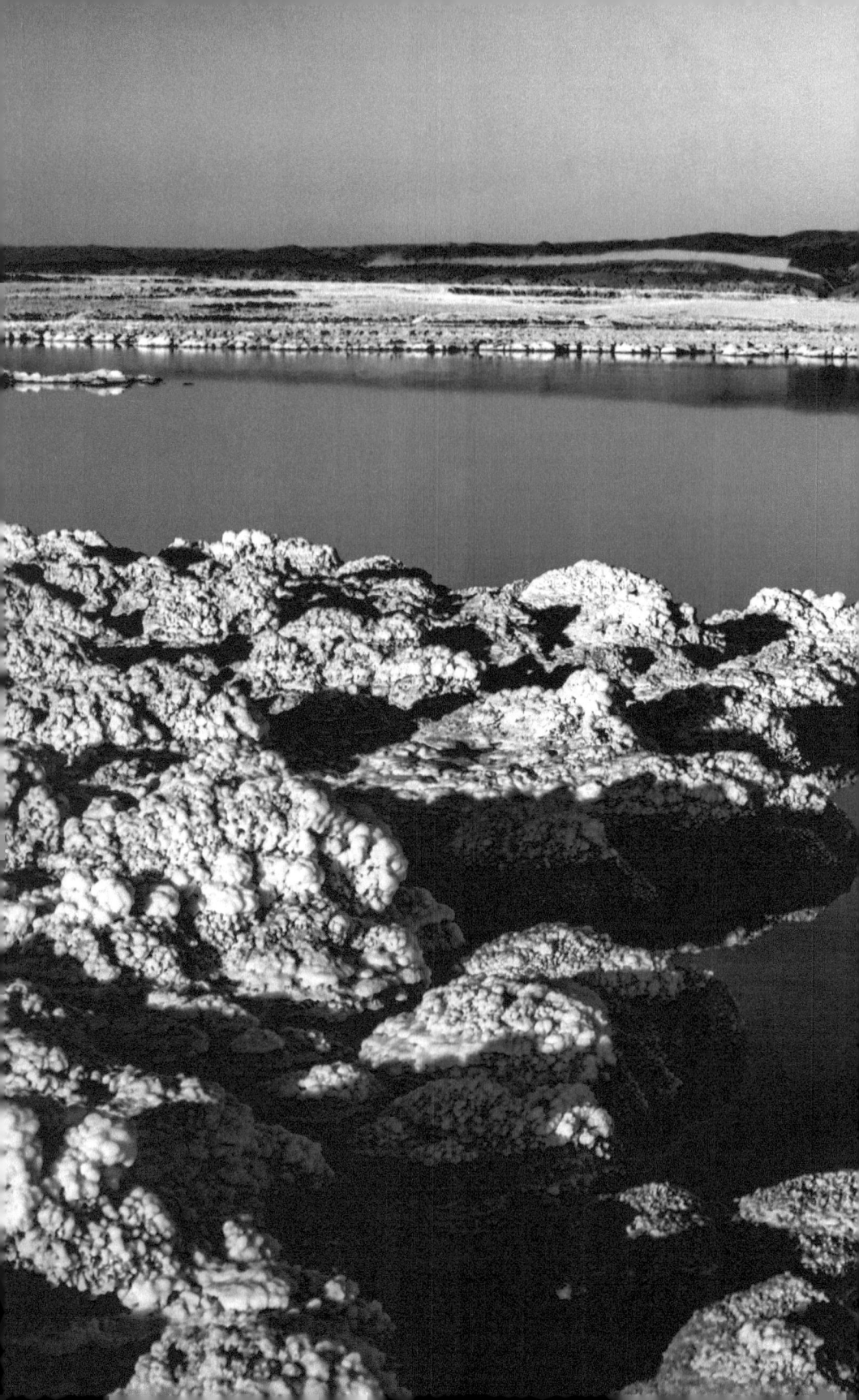

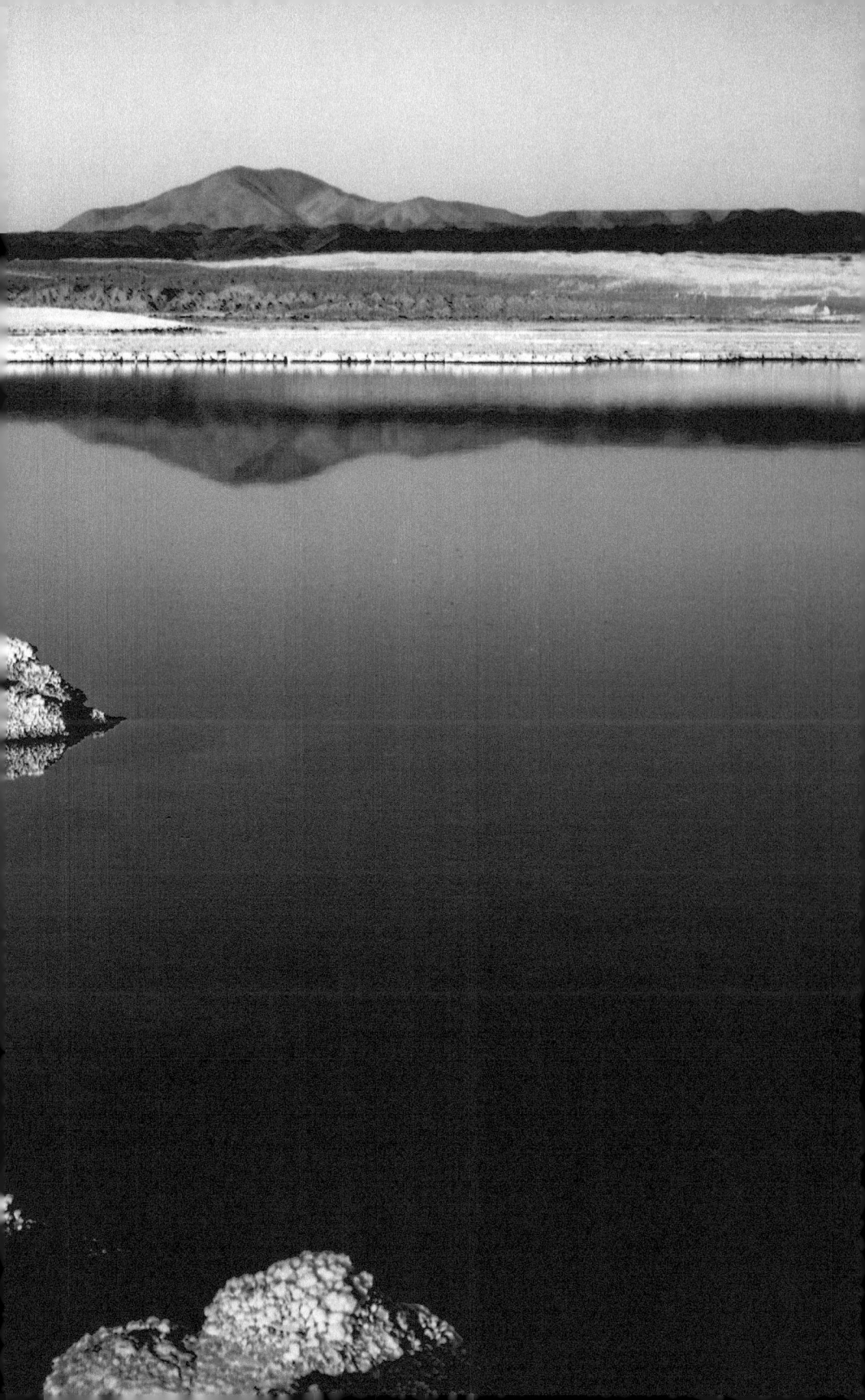

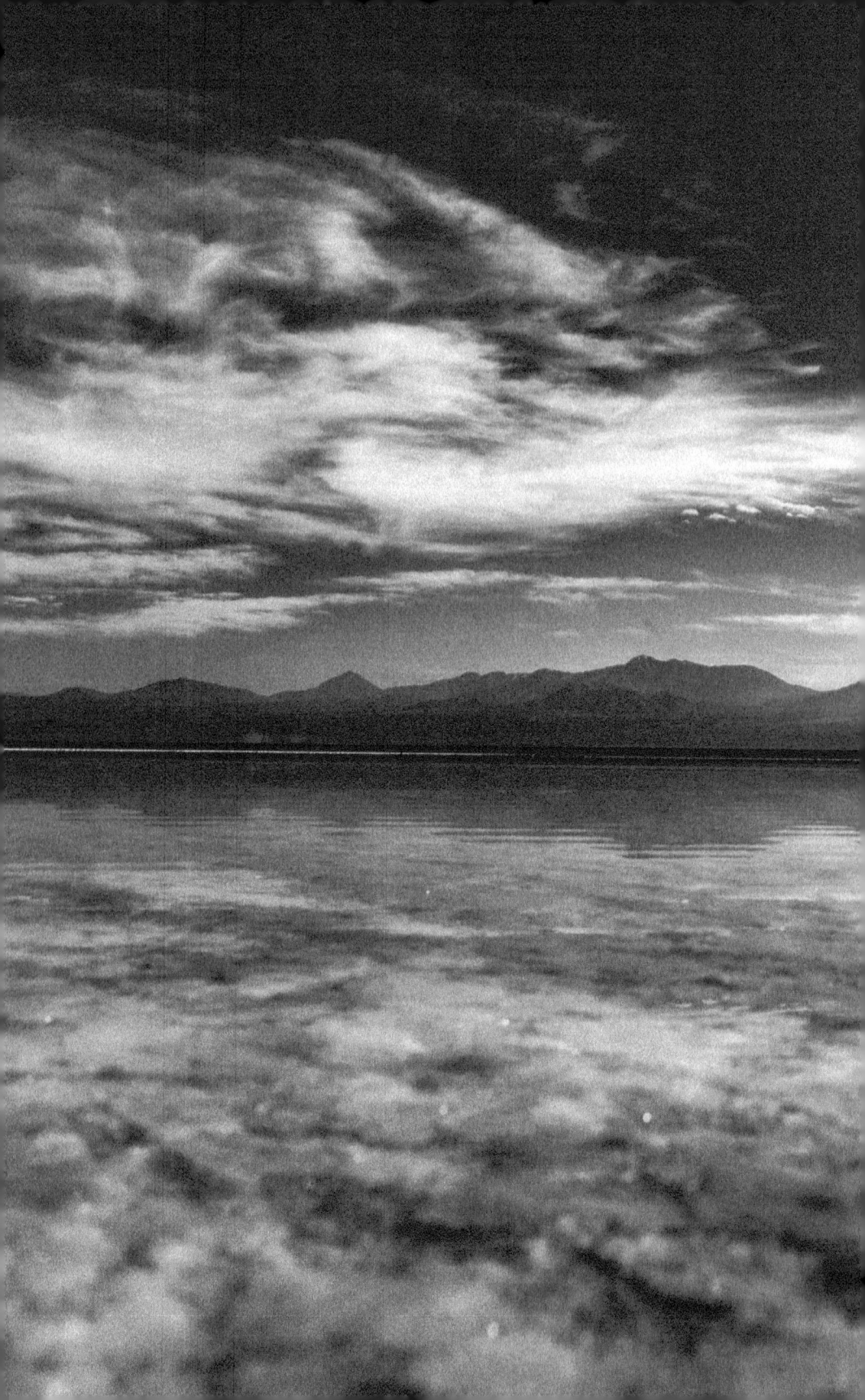

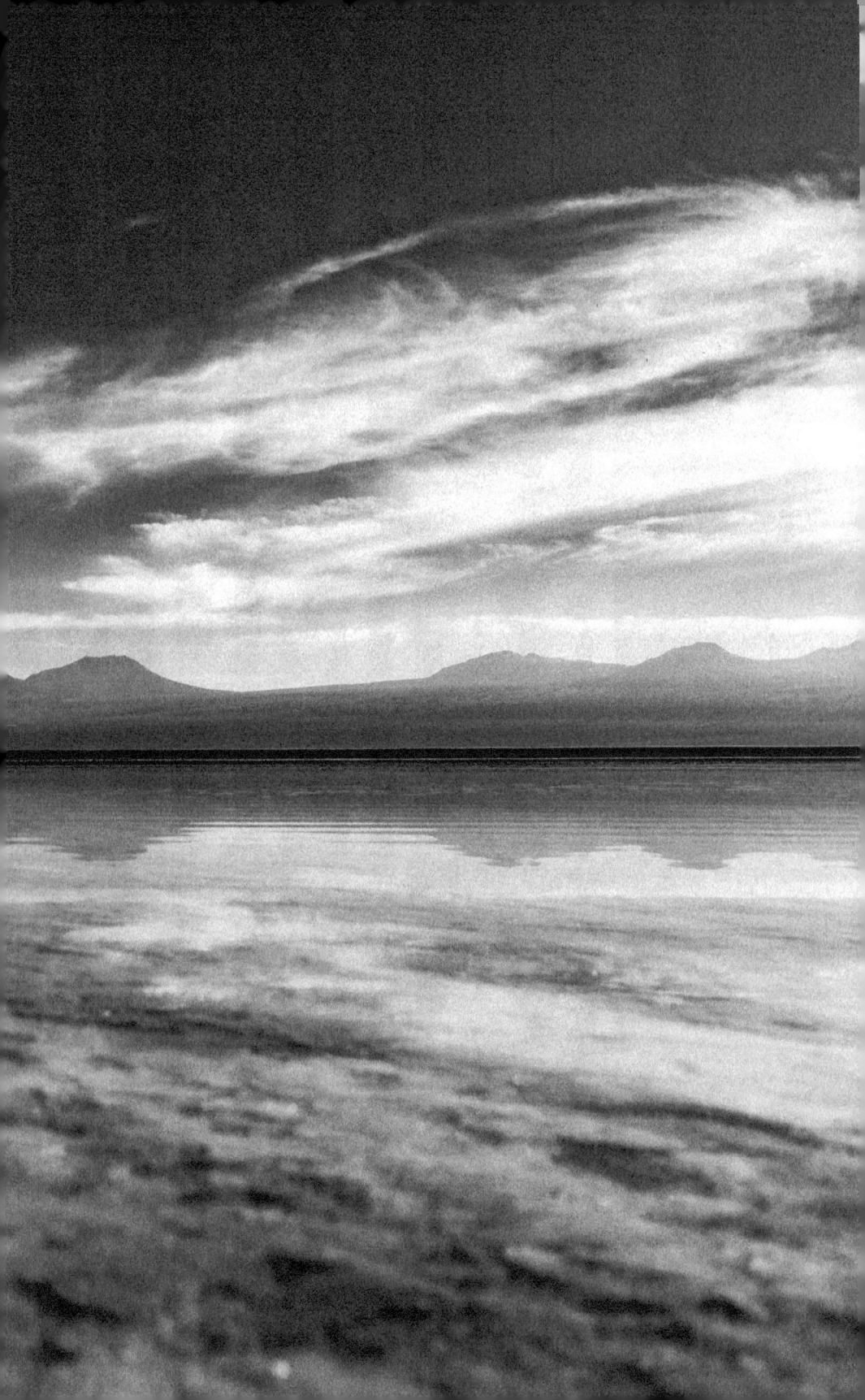

PHOT

RAIMUNI

DIGITAL POS

RAIMUNI

BOOK

RAIMUNI

ED

RAIMUNI

ALL RIGH

RAIMUNI

ANYTHING

RAIMUNI

AY BY

O LAGOS

DUCTION BY

O LAGOS

GN BY

O LAGOS

BY

O LAGOS

ERVED TO

O LAGOS

CONTACT

O LAGOS

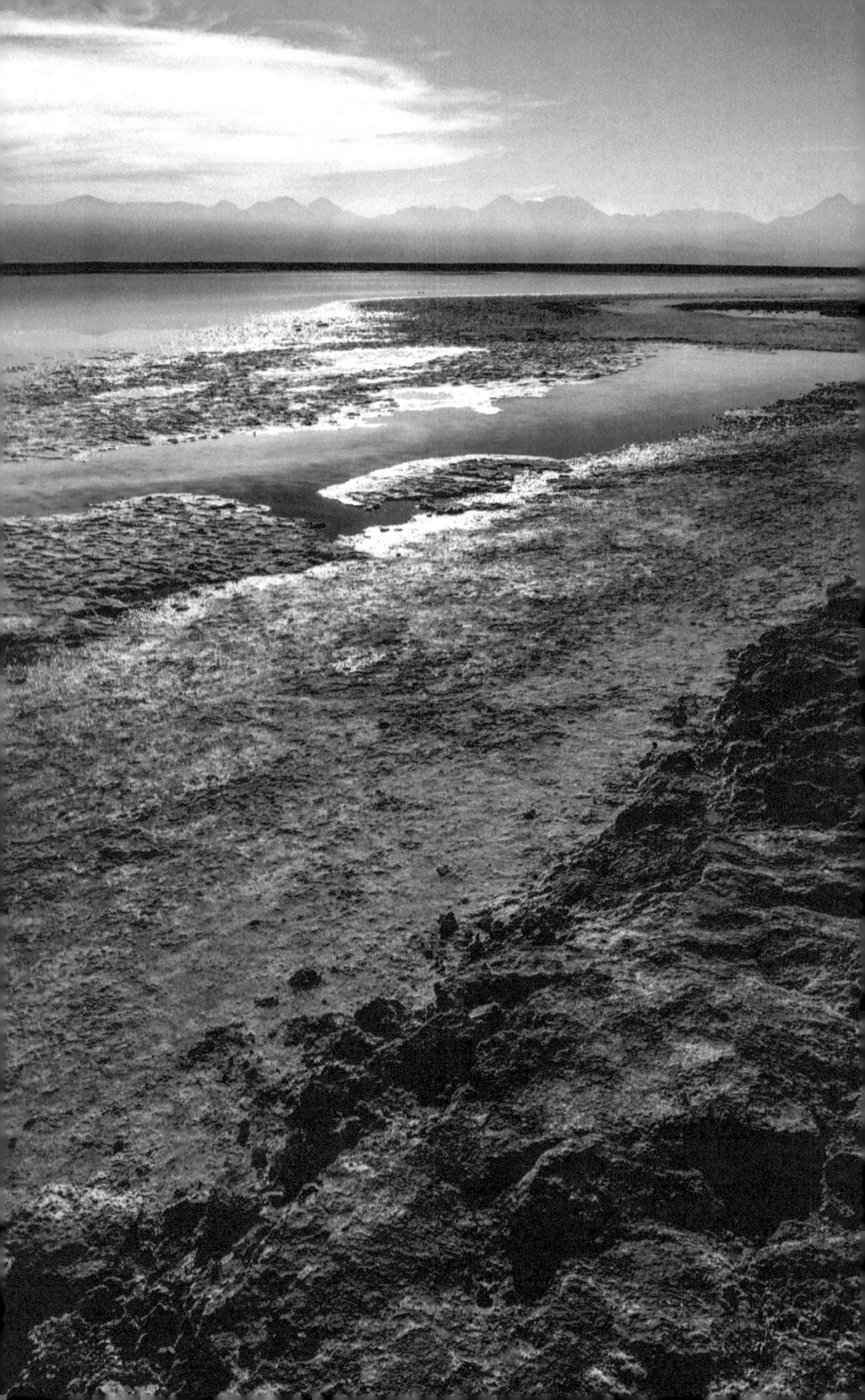

I'M NOT GOOD AT WORDS

www.ingramcontent.com/pod-product-compliance
Lightning Source LLC
Chambersburg PA
CBHW021949200526
45163CB00018B/2032